PWY SY'N COFIO SIÔN?

MAIR EVANS

Golygyddion y Gyfres:
Dr Christine Jones
a
Julie Brake

GOMER

Argraffiad cyntaf—2001

ISBN 1 85902 988 4

Cyhoeddwyd dan gynllun comisiynu Cyngor
Llyfrau Cymru.

Dymuna'r cyhoeddwyr gydnabod cymorth
Adrannau Cyngor Llyfrau Cymru.

*Argraffwyd yng Nghymru gan
Wasg Gomer, Llandysul, Ceredigion*

BYRFODDAU

eg	enw gwrywaidd
eb	enw benywaidd
egb	enw gwrywaidd neu enw benywaidd
ll	lluosog
GC	gair a ddefnyddir yng ngogledd Cymru
DC	gair a ddefnyddir yn ne Cymru

SIÔN TREMTHANMOR

Doeddwn i erioed wedi clywed am Siôn Tremthanmor. Wel, pam dylwn i? Hen ganwr roc oedd e. Bu farw e cyn i fi gael fy ngeni. Dywedais i hynny wrth Paul, pennaeth yr orsaf radio, a doedd e ddim yn hapus.

'Eleanor,' meddai fe, yn ffroenuchel. Roedd e bob amser yn ffroenuchel, yn enwedig gyda fi. 'Eleanor,' meddai fe, yn ddiamynedd.

Eleanor. Dw i'n casáu'r enw. Mae'n hen ffasiwn a diflas. Yn y brifysgol roedd fy ffrindiau yn fy ngalw i'n 'Leni', ac roeddwn i'n hoffi fy enw newydd i. Dim ond Paul sy'n fy ngalw i'n 'Eleanor' nawr. Ar wahân i fy rhieni. Ac mae Paul yn gallu swnio'n union fel fy nhad i ambell waith.

'Ie,' meddwn i, yn ceisio dal fy nhafod.

'Eleanor – allet ti geisio cael dy ffeithiau'n iawn?'

Doeddwn i ddim yn deall.

'Dyw hynny ddim yn iawn?'

'Wel, i ddechrau . . .' meddai fe, yn dod i eistedd ar ochr y ddesg er mwyn gallu edrych i lawr arna i. Roeddwn i'n eistedd yn y gadair esmwyth o'i flaen e.

Pam oeddwn i'n gwybod fy mod i'n mynd i gael darlith?

'Paul,' meddwn i, yn torri ar ei draws e 'Beth yw'r gwahaniaeth?'

---

pennaeth (eg)	chief, head	*ffeithiau (ll)*	facts
yn ffroenuchel	haughtily	*esmwyth*	comfy
yn enwedig	especially	*darlith (eb)*	lecture
yn ddiamynedd	impatiently	*torri ar ei draws e*	to interrupt him
yn union	exactly		

'Gwahaniaeth mawr os wyt ti eisiau cael y stori hon.'

Doeddwn i ddim yn gallu dadlau gyda fe. Roeddwn i eisiau'r stori. Roedd e'n gwybod hynny. Yn gwybod hynny'n rhy dda. Ac roedd e'n mynd i ddefnyddio'r ffaith honno. Roedd e'n mynd i ddefnyddio'r ffaith honno fel arf. Roeddwn i eisiau'r stori. Roeddwn i eisiau unrhyw stori. Doedd dim diddordeb gyda fi yn Siôn Tremthanmor. Doeddwn i ddim yn gwybod pwy oedd e tan y bore hwnnw, a doeddwn i ddim eisiau gwybod chwaith.

Ond roedd Paul yn cynnig stori i fi. Yn cynnig cyfle i ysgrifennu rhaglen. Fy rhaglen i. Fi, a dim ond fi. Oedd hyn yn wir? Roeddwn i wedi bod yn aros am gyfle fel hwn am chwe mis. Dechreuais i weithio yng ngorsaf radio Gwaunlas chwe mis yn ôl. Roeddwn i eisiau bod yn ymchwilydd, ond y peth pwysicaf roeddwn i'n ei wneud oedd gwneud y te bob prynhawn. Roeddwn i'n meddwl am hyn wrth iddo fe edrych i lawr arna i o'r ddesg, ei lygaid yn syllu dros ei sbectol arian fel rhyw hen athro ysgol. Oedd e o ddifrif am roi stori i fi, neu dim ond ffordd o fy nghadw i'n dawel oedd hyn?

'Yn gyntaf,' meddai Paul 'Wnaeth Siôn ddim marw, ond diflannu . . .'

'Os dych chi'n credu y storïau twp,' torrais i ar ei draws e, ond wedyn edifarhau. Tynnodd Paul ei sbectol e ac edrych i lawr am funud.

---

dadlau	to argue	*ymchwilydd (eg)*	researcher
arf (eg)	weapon	*syllu*	to stare
chwaith	either	*o ddifrif*	serious
cynnig	to offer	*diflannu*	to disappear
cyfle (eg)	opportunity	*edifarhau*	to regret

'Iawn,' meddwn i, yn gweld ei fod e'n colli amynedd gyda fi, a doeddwn i ddim eisiau iddo fe newid ei feddwl. 'Iawn,' meddwn i eto, yn fwy pendant, 'Dw i eisiau'r stori. Dw i eisiau'r stori!'

Rhoiodd Paul ei sbectol i lawr ar y ford, a thynnodd e gadair arall yn agos at fy nghadair i, ac eistedd i lawr arni hi.

'Does neb yn gwybod beth ddigwyddodd i Siôn,' meddai Paul, 'Diflannodd e ym mis Mai . . . ugain mlynedd yn ôl . . .' cymerodd e saib, a syllu arna i fel tasai fe'n ceisio gwneud pwynt. Roedd ei lygaid e'n finiog. 'Ro't ti, Eleanor, wedi cyrraedd y byd hwn erbyn hynny. Rhaid dy fod ti'n . . . fis oed?'

'Ro'n i'n un!' meddwn i'n swrth.

'Yn un,' meddai Paul gyda gwên fach ar ei wyneb. Roedd y wên fach honno bob amser yn fy ngwylltio i. 'Ro't ti'n un ar y pryd. A doedd e ddim yn ganwr roc. Canwr roc *gwerin* oedd e.'

'Roc, gwerin, roc gwerin, beth yw'r gwahaniaeth?'

'Gwahaniaeth mawr i'r bobl brynodd ei recordiau fe.'

'Ac o't ti'n un ohonyn nhw, Paul?' gofynnais i. 'O't ti'n ffan? Ugain mlynedd yn ôl . . . os o't ti'n prynu recordiau y pryd hwnnw, rhaid dy fod ti o leia . . .'

Roedd e'n gwybod fy mod i'n cellwair, ond edrychodd e arna i'n llym, ac roeddwn i'n gwybod fy mod i wedi mynd yn rhy bell y tro hwn.

'Dw i eisiau i ti ysgrifennu sgript i'r rhaglen am Siôn,' meddai Paul wedyn, yn fy anwybyddu. 'Dyn ni'n

---

pendant	definite	*roc gwerin (eg)*	folk rock
saib (eg)	pause	*cellwair*	to jest
miniog	sharp	*yn llym*	sharply
yn swrth	sullenly	*anwybyddu*	to ignore

darlledu portreadau ambell waith, fel rwyt ti'n gwybod, a byddai portread o Siôn Tremthanmor yn dda fel rhan o raglen Mike ar nos Sadwrn.'

'Dw i ddim eisiau i Mike gael y clod!'

Y tro hwn safodd Paul ar ei draed ac aeth e yn ôl i eistedd ar ochr y ddesg. Roedd e'n dechrau colli ei dymer nawr. Roedd ei wyneb yn dechrau cochi.

'Dw i ddim eisiau i ti ysgrifennu llyfr, Eleanor, a dwyt ti ddim yn paratoi rhaglen deledu i'r BBC, cofia.'

Edrychodd e i lawr arna i eto, a chyffyrddodd e â'r gwallt llwyd wrth ochr ei glustiau. Mae rhai pobl yn dweud bod dynion â gwallt llwyd yn rhywiol. Dw i ddim yn cytuno â nhw.

'Dim ond tipyn o ymchwil,' esboniodd e'n nawddoglyd. 'Dw i eisiau i ti fynd i'r llyfrgell a'r stoc o recordiau a dod o hyd i ddigon o ffeithiau am Siôn Tremthanmor i Mike eu defnyddio ar ei sioe e ar nos Sadwrn. A dw i eisiau i ti ddewis caneuon i Mike eu chwarae hefyd.'

Roeddwn i wedi bod yn dawel am amser hir, yn gwrando arno fe'n ufudd. Roeddwn i'n meddwl bod hawl gyda fi ddweud rhywbeth nawr. Ac roedd rhywbeth gyda fi i'w ddweud:

'Ond mae Mike yn gallu gwneud hynny . . .'

'Ymchwil, Eleanor,' meddai Paul. 'Ti ddywedodd dy fod ti eisiau bod yn ymchwilydd. Dyna'r ffordd i ddechrau yn y cyfryngau, dywedaist ti hynny dy hunan.'

---

darlledu	to broadcast	*rhywiol*	sexy
portreadau (ll)	portrayals	*yn nawddoglyd*	patronizingly
clod (eg)	praise	*yn ufudd*	obediently
safodd Paul	Paul stood	*hawl (eb)*	right
cyffwrdd	to touch	*cyfryngau (ll)*	media

'Wel, do'n i ddim yn golygu hyn.'

'Ti oedd eisiau cyfle, ti oedd wedi ymbil arna i am gyfle i wneud mwy. Wel, dyma dy gyfle di. Dw i'n gwybod bod gradd Cyfryngau 'da ti, ond dwyt ti ddim yn gallu cerdded i mewn i swydd cynhyrchydd ar unwaith. Rhaid i ti ddechrau ar y gwaelod. Nawr. Dw i eisiau digon o wybodaeth ar gyfer rhaglen Mike, yn barod erbyn diwedd y mis. Mae pythefnos 'da ti, felly. Digon o amser.'

Doedd dim pwynt protestio. A doedd dim pwynt holi am arian. Doeddwn i ddim mor dwp â hynny. Roeddwn i'n gwybod ei fod e ddim yn bwriadu rhoi arian i fi. Fi ddylai ei dalu fe am y cyfle. Dyna fyddai e'n ei ddweud. Fi ddylai ei dalu fe am y cyfle i ennill profiad. Wel, roedd e'n iawn i raddau, efallai. I raddau. Fi ddywedodd fy mod i eisiau'r profiad, fy mod i eisiau mwy o gyfrifoldeb. A byddai hyn yn gyfle i ddatblygu fy ngyrfa.

'Wel?' meddai Paul, yn syllu ar ei wats.

Roedd hi'n bedwar o'r gloch erbyn hyn, ac yn bryd i fi wneud y te.

---

golygu	to mean	*profiad (eg)*	experience
ymbil	to plead	*cyfrifoldeb (eg)*	responsibility
gradd (eb)	degree	*datblygu*	to develop
cynhyrchydd (eg)	producer	*gyrfa (eb)*	career
bwriadu	to intend	*pryd (eg)*	time

YR ARWR LLEOL

Erbyn diwedd y dydd roeddwn i wedi dod o hyd i rai
ffeithiau am Siôn Tremthanmor. Y diwrnod wedyn
treuliais i'r bore cyfan yn pori drwy'r llyfrau
cerddoriaeth yn yr orsaf radio. Roeddwn i'n synnu
gweld enw Siôn yn rhai o'r llyfrau o America. Mae'n
debyg ei fod e'n eithaf enwog wedi'r cyfan – amser hir
yn ôl.

Ac roeddwn i wedi ateb un cwestiwn. Roedd hyn
mor bwysig i Paul achos mai arwr lleol oedd Siôn.
Roeddwn i wedi dyfalu ei fod e'n Gymro o'i enw
cyntaf – Siôn – ond dywedodd un o'r llyfrau ei fod e'n
dod o bentref bach yn agos at yr orsaf radio, yma yn Sir
Gaerfyrddin. Darllenais i fwy.

Cafodd e ei eni yn y pumdegau, yn ôl y llyfr. Cafodd
e blentyndod dinod, ond ar ôl iddo fe fynd i'r brifysgol
yn Aberystwyth dechreuodd e berfformio a chyfansoddi.
Ffurfiodd e ei grŵp cyntaf, 'Bendigeidfran', yn y coleg.
A dyma fy nghliw cyntaf i – ei enw e y pryd hwnnw
oedd John Davies. Doedd dim syndod ei fod e wedi
newid ei enw, meddyliais i. Nawr roeddwn i'n gwybod,
byddai'n haws i mi ddod o hyd i fwy o wybodaeth
amdano fe.

Grŵp gwerin oedd 'Bendigeidfran'. Roedd y grŵp
yn eithaf poblogaidd yn y coleg a'r dref. Roedden

---

arwr lleol (eg)	local hero	*dinod*	insignificant
pori	to browse	*prifysgol (eb)*	university
wedi'r cyfan	after all	*cyfansoddi*	to compose
yn ôl	according to	*haws*	easier

nhw'n perfformio caneuon traddodiadol Cymreig. Ond weithiau bydden nhw'n perfformio caneuon gwreiddiol. Siôn a gyfansoddodd y caneuon gwreiddiol i gyd.

Darllenais i am un o'r cyngherddau mewn hen bapur newydd. Ar ôl rhoi clod mawr i'r grŵp yn gyffredinol, ysgrifennodd y gohebydd am Siôn a'i ganeuon gwreiddiol:

'Dyma seren y dyfodol!'

Ar ddiwedd ei ail flwyddyn yn y coleg roedd Siôn wedi dechrau perfformio ar ei ben ei hunan, yn defnyddio'r enw 'Siôn'. Ychwanegodd e'r 'Tremthanmor' yn ystod y flwyddyn honno. Yn ôl Siôn roedd ei deulu yn dod o Gernyw yn wreiddiol, a 'Tremthanmor' oedd yr enw gwreiddiol. Ond gwir neu beidio, roedd yr enw'n un anghyffredin. A byddai pawb yn ei gofio.

Y flwyddyn honno daeth asiant o un o'r cwmnïau recordio mawr yn Llundain i Gymru, a chlywodd e Siôn, a rhoi cyfle iddo fe recordio record sengl. Doedd e ddim eisiau 'Bendigeidfran', dim ond Siôn.

Roedd record sengl gyntaf Siôn yn llwyddiannus. Doeddwn i ddim yn gwybod beth oedd y pedwar aelod arall o 'Bendigeidfran' yn meddwl am hyn, ond roeddwn i'n benderfynol o ateb y cwestiwn hwn maes o law. Enw'r gân oedd 'Merch y Niwl'. Cyrhaeddodd hi rif 32 yn y siartiau. Gwnes i nodyn o'r teitl er mwyn edrych am y record yng nghasgliad yr orsaf radio nes ymlaen y prynhawn hwnnw.

---

traddodiadol	traditional	*anghyffredin*	rare
gohebydd (eg)	reporter	*asiant (eg)*	agent
ychwanegu	to add	*penderfynol*	determined
Cernyw (eb)	Cornwall	*maes o law*	in due course

Ar ôl hyn recordiodd Siôn ddwy record hir arall, y ddwy'n llwyddiannus, ac am gyfnod yn y saithdegau roedd e'n eithaf enwog. Ond roedd problemau gyda fe. Dwy broblem. Alcohol a chyffuriau. Ac erbyn diwedd y saithdegau roedd e mewn cyflwr gwael, meddai'r llyfr. Buodd e mewn ysbyty meddwl yn 1978. Ond chwarae teg iddo fe, llwyddodd e i wella, ac yn 1980 recordiodd e 'Yr Alarch Ddu', ei record fwyaf enwog, yn ôl y llyfr. Roeddwn i wedi clywed am y gân hon – roeddwn i'n credu bod copi gyda fy mam. Ac ym mis Mai 1980, pan oedd ei record fwyaf llwyddiannus yn y deg uchaf, diflannodd e. Yn Llundain. Dywedodd e wrth aelod o'i fand ei fod e'n mynd allan i brynu sigaréts, a welodd neb mohono fe eto.

Buodd sawl damcaniaeth ar y pryd. Roedd rhai'n meddwl ei fod e wedi lladd ei hunan. Roedd pobl eraill yn meddwl ei fod e wedi cael digon ar enwogrwydd a sylw, ac wedi dewis dianc oddi wrth bopeth. Ac roedd pawb yn meddwl ei fod e'n dwp. Roedd popeth gyda fe. Llwyddiant, enwogrwydd, arian, merched, clod. Popeth y gallai dyn ifanc ofyn amdano fe. A cherddodd e i ffwrdd oddi wrth bopeth.

Roedd e naill ai wedi cymryd ei fywyd ei hunan neu wedi diflannu i rywle. Ond y naill ffordd neu'r llall, roedd e wedi rhedeg i ffwrdd.

Dyna'r ffeithiau. Dyna'r ffeithiau ces i o'r llyfrau yn yr orsaf radio. Ond roeddwn i'n benderfynol o ddod o hyd i fwy. Roedd Paul wedi fy rhoi i ar brawf. Ac roeddwn i eisiau dangos pa mor dda y gallwn i fod.

cyffuriau (ll)	drugs	*damcaniaeth (eb)*	theory
cyflwr (eg)	condition	*naill ai . . . neu*	either . . . or
alarch (eb)	swan	*ar brawf*	on trial

Ar ôl gadael y brifysgol roeddwn i wedi methu cael swydd dda. Roedd pawb yn dweud bod cymwysterau da gyda fi, ond dim profiad. Doeddwn i ddim yn gwybod beth i'w wneud, ond roedd rhaid i fi wneud rhywbeth, ac roeddwn i'n gwybod y byddai profiad o unrhyw fath yn fy helpu i gyrraedd fy nod.

Roeddwn i'n mynd i fod yn gynhyrchydd. Un o'r bobl hynny oedd yn gwneud y penderfyniadau. Un o'r bobl hynny oedd yn ennill yr arian. Un o'r bobl hynny oedd â'r pŵer. Byddai'n well gyda fi weithio ym myd teledu, ond byddai radio'n iawn. Am y tro.

Ond doeddwn i ddim eisiau bod fel Paul. Roedd Paul yn ddawnus. Gallai fe wneud cymaint yn well, ond roedd e wedi dewis claddu ei hunan yn fyw yng nghefn gwlad gorllewin Cymru, mewn gorsaf radio fach leol ddinod. Doeddwn i ddim yn bwriadu gwneud hynny. Roedd pethau gwell yn fy aros i. A dyma fy nghyfle i ddechrau dangos bod dawn a gallu gyda fi.

Doeddwn i ddim yn bwriadu siomi Paul. Roeddwn i'n bwriadu gwneud y gwaith ymchwil, ond doedd hi ddim yn ddigon i fi gasglu ychydig o ffeithiau i Mike eu defnyddio yn ei sioe. Nac oedd. Doedd hyn ddim yn ddigon da i Eleanor Stevenson . . . na, Leni Stevenson. Roedd yr enw hwnnw'n swnio'n llawer gwell. Pan fydda i'n enwog, dyna fydd fy enw i. Roeddwn i, Leni Stevenson, yn bwriadu dod o hyd i bopeth oedd i'w wybod am Siôn Tremthanmor. Popeth.

Roedd rhaid i fi orffen am bedwar o'r gloch achos bod rhaid i fi gyrraedd Abertawe erbyn chwech i

cymwysterau (ll)	qualifications	*claddu*	to bury
nod (egb)	aim	*bwriadu*	to intend
dawnus	talented		

ddechrau fy rhaglen radio. Aeth yr amser mor gyflym wrth i fi fynd drwy'r ffeithiau i gyd. Byddai edrych ar lyfrau yn ddigon i rywun arall, meddyliais i, ond nid i fi. Dim ond y dechrau oedd hyn.

O leiaf roeddwn i'n cael y cyfle i ddarlledu. Roedd rhywun o leiaf yn barod i adael i fi gyflwyno fy rhaglen fy hun.

Cyrhaeddais i'r ysbyty am chwarter i chwech a rhedais i drwy'r coridorau moel. Rhedais i i'r ystafelloedd bach tywyll a oedd yn cael eu defynddio ar gyfer radio'r ysbyty. Pan gyrhaeddais i roeddwn i'n hwyr, a Christine yn sgrechian arna i.

Rhedais i i mewn i'r stiwdio a gafael yn un o recordiau Dafydd Iwan.

'Noswaith dda i chi i gyd,' dywedais i'n glir ac yn llon i mewn i'r meicroffôn. 'A chroeso i chi i gyd i awr Gymraeg radio ysbyty Cwmtawe!'

---

cyflwyno	to present	*gafael yn*	to grasp
moel	bare	*yn llon*	cheerfully

Yr Awr Gymraeg

Dechreuais i weithio i radio ysbyty pan oeddwn i yn yr ysgol, yn nosbarth chwech. Dechreuodd dau arall gyda fi, ond arhoson nhw ddim am amser hir. Roedden nhw eisiau rhywbeth i roi ar CV, a dim byd mwy. Doedd dim diddordeb gyda nhw yn y cyfryngau. Roeddwn i'n wahanol. Pan oeddwn i'n bymtheg oed roeddwn i'n gwybod fy mod i eisiau gweithio yn y cyfryngau, ac roedd rhaid i fi gael y profiad.

Ar y dechrau es i i wylio cyflwynwyr profiadol er mwyn dysgu. Ond doedd dim llawer o siaradwyr Cymraeg gyda nhw, felly dechreuais i ddarllen y tywydd yn Gymraeg bron ar unwaith, wedyn y newyddion i gyd. Cyn hir ces i gyfle i gyflwyno rhai o'r rhaglenni Cymraeg.

Na, doeddwn i ddim yn cael fy nhalu, a doedd dim llawer o wrandawyr gyda fi, ond o leiaf roeddwn i'n cael y cyfle i ddarlledu. Darlledu go iawn. Dim ond i gleifion yr ysbyty, mae'n wir, ond roeddwn i'n darlledu! Roeddwn i'n cael y cyfle i ddefnyddio'r offer, y cyfle i gynllunio fy rhaglenni fy hunan, a'r cyfle i ddarlledu i bobl, pobl go iawn. Roedd 'Yr Awr Gymraeg' yn cael ei darlledu ddwywaith yr wythnos nawr. A fi oedd yn gwneud hynny.

Dyma fy ngham cyntaf i ar fy ngyrfa lwyddiannus.

Ar ôl darllen penawdau'r newyddion roedd yn amser i Owen ddod i siarad am y rygbi, ac wedyn dim ond

cleifion (ll)	patients	*go iawn*	real
offer (ll)	equipment	*penawdau (ll)*	headlines
cynllunio	to devise		

pum munud a fyddai ar ôl o'r rhaglen. Fel arfer dw i'n mwynhau bod yn y stiwdio, ond y tro hwn roeddwn i'n falch o weld diwedd y rhaglen. Ffarweliais i â'r gwrandawyr – os oedd unrhyw un yn gwrando. Rhoiais i gryno-ddisg olaf y noson i mewn i'r peiriant, ac wrth i Trebor Edwards ddechrau canu 'Un dydd ar y tro', troi'r gerddoriaeth i lawr ychydig a thynnu'r clustffonau. Taflais i nhw i lawr ar y ddesg o fy mlaen i.

Doedd dim rhaid i fi edrych. Roedd Christine yn edrych yn llym arna i. Christine Davies yw rheolwr gorsaf radio'r ysbyty. Mae hi'n bennaeth ar bopeth. Ac roedd hi'n syllu arna i, yn grac. Ond ddywedodd hi ddim byd. Doedd dim amser gyda fi i siarad heno. Roeddwn i eisiau dianc – cyn gynted â phosibl.

Ond doeddwn i ddim yn gallu dianc. Roedd hi'n aros amdana i yr ochr arall i'r wal o wydr a oedd rhwng y stiwdio a swyddfa Christine.

'Dyna'r ail dro mewn wythnos rwyt ti wedi bod yn hwyr,' meddai hi wrth i mi geisio brysio heibio iddi hi heb stopio.

'Do'n i ddim yn hwyr,' dywedais i. 'Dechreuodd y rhaglen mewn pryd.'

'Yn lwcus i ti,' atebodd hi. Roedd hi'n sefyll rhyngddo i a'r drws nawr. 'Pum munud cyn y rhaglen do'n i ddim yn gwybod ble ro't ti!'

'Ond des i mewn pryd . . .'

'A beth fyddwn i wedi'i wneud wedyn, tasai chwech o'r gloch wedi dod a neb i ddechrau'r rhaglen – dim ond tawelwch?'

'Mae digon o recordiau i chwarae . . .'

| cryno-ddisg (eg) | compact disc | rheolwr (eg) | manager |
| clustffonau (ll) | headphones | | |

'Beth sy'n mynd ymlaen, Leni?' gofynnodd hi wedyn, yn llai crac nawr. 'Mae'n gyfrifoldeb, cofia, rheoli'r orsaf.'

Mae Christine yn iawn yn y bôn. Mae hi'n ceisio bod yn llym a cholli'i thymer. Mae hi'n casáu colli'r thymer gyda phobl, ac yn poeni wedyn. Ac fel arfer mae hi'n ymddiheuro wedyn. Mae rhaid i chi fod yn gryf i redeg rhywbeth fel gorsaf radio. Allwch chi ddim fforddio dangos gwendid pan dych chi'n bennaeth, ddim fel Christine. Roedd hi'n sefyll ac yn syllu arna i, fel taswn i'n ferch ddrwg a hi oedd y brifathrawes. Roedd hi'n edrych yn siomedig arna i.

'Rhoi ein hamser ein hunain dyn ni i gyd yn ei wneud yma, Leni. Mae pawb yn rhoi eu hamser eu hunain er mwyn helpu pobl eraill. Helpu pobl, Leni. Ydy hynny'n golygu unrhyw beth i ti?'

'Beth yw'r ots?' dywedais i. Doeddwn i ddim yn gallu rheoli fy nhymer. 'Beth yw'r ots am hyn i gyd? Pwy sy'n gwrando? Dim ond chwarae yw hyn. Dyw hi ddim yn bwysig!'

Roeddwn i'n synnu bod hi ddim wedi dysgu bod yn fwy llym ac yn fwy cas erbyn hyn. Wedi'r cyfan, rhaid ei bod hi'n hanner can mlwydd oed. Roedd hi wedi byw dwywaith yn hirach na fi, ac roeddwn i'n gwybod sut i drin pobl yn well na hi.

Peth arall am Christine, fel llawer o bobl eraill ei hoedran hi, oedd ei bod hi'n edrych fel tasai amser wedi sefyll iddi hi yn y saithdegau. Dw i'n gwybod bod

yn y bôn	basically	*yn siomedig*	disappointedly
ymddiheuro	to apologize	*golygu*	to mean
fforddio	to afford	*trin*	to treat
gwendid (eg)	weakness		

ffasiynau'r saithdegau wedi dod yn boblogaidd eto, ond doedd Christine erioed wedi newid. Roedd ei dillad hi'n weddol, ac roedd hi wedi torri ei gwallt du mewn steil byr a oedd *bron* yn fodern, ond roedd hi'n mynnu gwisgo'r lliw glas ar ei llygaid fel oedden nhw'n ei wneud yn 1973. A doedd ei lliw gwallt ddim yn naturiol, nac oedd? Byddai hynny'n amhosibl.

A pheth arall. Roedd hi, fel Paul, wedi cyfaddawdu gyda bywyd diflas, cyffredin. Roedd hi'n briod â chyfrifydd – pa mor ddiflas yw hynny? Ac roedden nhw'n byw rhywle i fyny'r Cwm. A doedden nhw ddim yn hapus. Roedden nhw'n cweryla drwy'r amser.

'Cofia'r hyn dw i wedi'i ddweud,' meddai hi'n ofalus, a golwg drist yn ei llygaid.

'Wrth gwrs,' atebais i. Roedd hyn yn hawdd. Prysurais i drwy'r drws ar fy ffordd adref. Ond wrth i fi wthio'r drws gyda fy mhenelin cwympodd dau ddarn papur allan o'r ffeil roeddwn i'n ei chario.

'Beth sy 'da ti?' gofynnodd Christine wedyn, yn gafael yn un o'r darnau, a gyda golwg freuddwydiol yn ei llygaid, dywedodd hi, 'Siôn Tremthanmor?'

Roedd hi'n edrych ar un o'r lluniau. Un o'r lluniau roeddwn i wedi'u llungopïo o lyfr Paul. Roedd y llun yn dangos Siôn, yn dair ar hugain oed, yn eistedd ar y gwair o flaen coeden fawr, ei gitâr yn ei freichiau. Nid oedd teitl nac enw ar y llun i ddweud pwy oedd e. Roedd merch ifanc, bert â gwallt hir du yn eistedd gyda fe.

---

mynnu	to insist	*golwg (eb)*	look, appearance
cyfaddawdu	to compromise	*penelin (egb)*	elbow
cyfrifydd (eg)	accountant	*llungopïo*	to photocopy
cweryla	to quarrel		

'Rwyt ti'n gwybod pwy yw e' dywedais i, gyda syndod.

'Wrth gwrs fy mod i'n gwybod!' cydiodd Christine yn y llun a syllu arno fe. Gwenodd hi arna i fel taswn i'n ferch fach bum mlwydd oed, ac yn dwp hefyd. 'Dw i ddim wedi gweld llun fel hyn ers blynyddoedd!'

'O'ch chi'n ffan?' gofynnais i'n betrus. Roedd golwg bell yn llygaid Christine. 'Roedd rhywbeth arbennig am Siôn – fel tasai fe ddim yn perthyn i'r byd hwn.'

---

cydio   to grasp   *yn betrus*   hesitatingly

JEZ

Roeddwn i wedi cael digon nawr, ac roeddwn i eisiau mynd adref, ond roedd Christine yn gwrthod rhoi'r llun i lawr. Roedd hi'n edrych arno fe gyda golwg ryfedd, bell ar ei hwyneb.

'Pam mae llun o Siôn 'da ti?' meddai Christine.

'Dw i'n paratoi rhaglen amdano fe,' atebais i.

Edrychodd Christine ar ddrws ei swyddfa, a gofynnodd hi a oeddwn i eisiau dod i mewn ac eistedd i lawr am dipyn. Wel, doedd dim dewis gyda fi, nac oedd? Hi oedd y bòs.

Gofynnodd hi pam roeddwn i'n ysgrifennu stori am Siôn, ac esboniais i am fy swydd yn yr orsaf radio, ac am Paul, ac am raglen Mike, ond hefyd am fy mwriad i. Roeddwn i'n bwriadu gwneud mwy nag ysgrifennu amdano fe. Roeddwn i'n mynd i ddod o hyd iddo fe.

'Byddi di siŵr o ysgrifennu rhywbeth am ei farwolaeth e,' dywedodd hi

'Diflannu wnaeth e – wel, dyna farn Paul,' dywedais i.

'Ond beth rwyt ti'n ei gredu, Leni?'

Roedd ei chwestiwn a'i goslef yn awgrymu rhyw ddirgelwch.

'Am beth?'

'Am y diflaniad – rhaid bod hwnnw dros bymtheg mlynedd yn ôl nawr.'

---

gwrthod	to refuse	*dirgelwch (eg)*	mystery
goslef (eb)	intonation	*diflaniad (eg)*	disappearance

'Ugain,' atebais i'n hyderus. 'Ugain mlynedd i'r mis nesa – dyna pam maen nhw eisiau gwneud rhaglen amdano fe.'

'Ugain mlynedd . . .' Roedd llygaid glas Christine wedi'u hamlinellu â kohl du trwchus, ac roedd hi'n edrych fel panda wedi cael sioc. Wedyn daeth y niwl dros ei llygaid unwaith eto.

'A does neb yn gwybod beth ddigwyddodd iddo fe,' dywedais i.

'Dyna'r stori swyddogol,' meddai Christine, 'ond mae'n amlwg beth ddigwyddodd iddo fe.'

'Ydy hi?' Eisteddais i a gafael yn un o'r pensilion oedd ar ddesg Christine. Byddai rhaid i fi ymchwilio yn rhywle, felly cystal i fi ddechrau yma. Ac wedi'r cyfan, roedd Christine yn ddigon hen i gofio Siôn Tremthanmor. Efallai byddai hi'n gallu helpu.

'Beth dych chi'n meddwl ddigwyddodd iddo fe?' gofynnais i.

'Lladd ei hunan wnaeth e,' meddai Christine, 'daethon nhw o hyd i'w siaced e ar lan afon Tafwys.'

Roedd hi'n gwybod llawer am Siôn, meddyliais i.

'Wel, dw i ddim yn gwybod eto,' atebais i. Doedd Christine ddim yn edrych yn hapus. 'Mae'n bosibl ei fod e wedi gadael ei ddillad ar y bont er mwyn i bawb feddwl ei fod e wedi lladd ei hunan.'

'Ond beth arall gallai fe fod wedi'i wneud?'

'Rhedeg i ffwrdd,' cynigiais i. 'Rhedeg i ffwrdd a dechrau bywyd newydd rywle.'

---

yn hyderus	confidently	*swyddogol*	official
wedi'u hamlinellu	outlined	*Tafwys (eb)*	Thames
trwchus	thick		

'A pham does neb wedi 'i ffindio fe eto?' meddai Christine, braidd yn grac.

'Os dych chi'n benderfynol o ddiflannu dych chi'n gallu newid eich enw, hyd yn oed newid y ffordd dych chi'n edrych, fel lliw eich gwallt chi . . .'

'Ond roedd pawb yn gwybod sut roedd Siôn yn edrych; roedd e'n enwog.'

'Ond does dim llawer o bobl yn ei adnabod e nawr,' dywedais i.

Gwelais i oddi wrth wyneb Christine bod hyn yn sarhad iddi hi, ac roeddwn i'n falch fy mod i ddim wedi dweud 'Does *neb* yn ei adnabod nawr' wedi'r cyfan.

'Wel, mae'n amlwg does dim diddordeb 'da ti,' dywedodd Christine, a throi ei chefn arna i.

'Nac oes?' dywedais yn gyflym 'Dw i eisiau gwybod – pam dych chi'n meddwl fod Siôn wedi lladd ei hunan?'

'Wel – mae'n amlwg,' meddai Christine 'Roedd cymaint o bwysau arno fe . . .'

'Dych chi'n siarad fel tasech chi wedi ei adnabod e,' dywedais i. Cochodd hi am eiliad, wedyn dywedodd hi:

'Ond mae'r ateb ym mhob un o'i ganeuon e, yn y tristwch llethol, yr anobaith . . .'

Y funud honno agorodd rhywun y drws yn gyflym ac yn swnllyd. Daeth Jez i mewn. Jez oedd yn gyfrifol am y sioe hwyr. Doedd hi ddim yn deg. Roedd Jez yr un oedran â fi, ond roedd e'n cael chwarae recordiau newydd. Mae digon o fandiau newydd ifanc yn

---

sarhad (eg)	insult	*anobaith (eg)*	despair
pwysau (ll)	pressure	*cyfrifol*	responsible
llethol	overwhelming		

Gymraeg, wrth gwrs, ond rhaglen geisiadau oedd fy un i, ac roedd y gwrandawyr bob amser yn gofyn am yr un hen recordiau. Hoffwn i fod wedi chwarae *Gorky's*, y *Super Furries*, neu *Anweledig*, ond doedd dim ots beth oedd fy marn i. Tasai rhaid i fi chwarae un arall o recordiau *John ac Alun* byddwn i'n sgrechain.

Daeth Jez i mewn gyda bocs o gryno-ddisgiau o dan ei fraich. Roedd yn rhaid i fi gyfaddef fy mod i'n ffansïo Jez ychydig. Roedd yn anodd peidio â'i ffansïo. Roedd e'n olygus mewn ffordd ffasiynol, ifanc. Roedd ei lygaid yn las, a'i wallt yn ffasiynol o hir, ac roedd e bob amser yn gwisgo'n cŵl, yn y jîns diweddaraf a chrysau-T yn hysbysebu gigiau roc roedd e wedi bod iddyn nhw.

Dyma gyfle i ddianc, meddyliais i pan ddaeth Jez i mewn. Byddwn i'n gallu dianc nawr. Gallwn i ddweud fy mod i wedi addo helpu Jez i baratoi ei raglen e. Roeddwn i eisiau cyfle i siarad â fe. Byddai'n hyfryd siarad â rhywun ifanc am newid, rhywun â syniadau ifanc.

'Mae'n flin 'da fi,' meddai Jez, yn gweld bod Christine a fi'n trafod rhywbeth.

'Na, dere i mewn,' meddai Christine wrtho fe. Roeddwn i'n gwthio'r darnau o bapur yn ôl i'r ffeil, ond roedd y llun yn dal i fod ar y ford. Aeth Jez yn syth ato fe, gafael yn y llun a gwenu.

'Siôn Tremthanmor!' meddai fe, gyda syndod.

---

rhaglen (eb)	requests	*hysbysebu*	to advertise
geisiadau	programme	*addo*	to promise
cyfaddef	to admit	*trafod*	to discuss
golygus	handsome	*gwthio*	to push

'Rwyt ti wedi clywed amdano fe?' dywedais i, gyda mwy o syndod.

'Wrth gwrs,' meddai Jez. 'Roedd e'n anhygoel!'

Gwelodd e fy mod i'n edrych yn syn arno fe.

'Dwyt ti ddim wedi clywed ei recordiau fe?' gofynnodd e, a phan ysgydwais i fy mhen, gafaelodd e yn fy mraich a fy nhynnu i i mewn i'r stiwdio drws nesaf a dweud, 'Dw i'n credu bod un o'i recordiau fe 'da fi yma rywle.'

Chwiliodd e ar y silff.

'Ond rwyt ti'n rhy ifanc i'w gofio fe,' dywedais i.

'Paid â meddwl mor gul, Leni,' atebodd e. 'Dw i'n rhy ifanc i gofio Beethoven, cofia, ond dw i wedi clywed amdano fe . . . Dyma ni,' meddai fe o'r diwedd, a dal hen record fawr *vynil* o flaen fy llygaid, 'ei ail record hir e, mae rhaid i ti glywed rhai o'r caneuon ar hon.'

Penderfynais i y byddai'n syniad cymryd mwy o ddiddordeb yn y dyn hwn wedi'r cyfan. Byddwn i'n dechrau drwy wrando ar record Jez.

'Ga i fenthyg hon, Jez?' gofynnais i.

---

anhygoel	amazing	*cul*	narrow
ysgwyd	to shake		

LLYFRGELL Y DRE

Roeddwn i'n gwybod nawr fod dirgelwch yma. A fi fyddai'r un i ddatrys y dirgelwch.

Byddai'r cam cyntaf yn syml. Cafodd Siôn ei eni a'i fagu yn ardal Gwaunlas, a dyna'r lle i ddechrau. Roedd y ffaith mai Davies oedd ei gyfenw iawn yn broblem fawr, wrth gwrs. Roeddwn i'n disgwyl gweld yr enw Davies gant o weithiau yn y llyfr ffôn, ac roeddwn i'n iawn. Ond doeddwn i ddim yn bwriadu rhoi'r ffidil yn y to mor hawdd â hynny. Roedd prynhawn rhydd gyda fi a phenderfynais i edrych yn y llyfrgell.

Roeddwn i'n gwybod eich bod chi'n gallu dod o hyd i bobl drwy ddefnyddio'r rhestr etholwyr. Allai ddim bod mor anodd â hynny. A faint o bobl o'r enw Davies allai fod, hyd yn oed yma, yn y gornel fach ddinod hon o Gymru?

Bues i'n lwcus y prynhawn hwnnw. Dwywaith. Yn gyntaf roedd merch newydd yn y llyfrgell. Fyddai'r llyfrgellydd arferol byth wedi fy helpu fel y gwnaeth y ferch newydd hon. Doedd hi ddim yn fy adnabod i.

'Am bwy dych chi'n chwilio?' gofynnodd hi, wrth i fi symud y *microfiche* i fyny'r sgrîn yn ddiamynedd. Roedd y ferch tua'r un oedran â fi, ond roedd hi'n edrych yn wahanol iawn i fi. Roedd ei gwallt hi'n dywyll ac yn hir. Roedd fy ngwallt i'n olau ac yn fyr.

---

datrys	to solve	*rhestr etholwyr (eb)*	electoral roll
cam (eg)	step	*arferol*	usual
rhoi'r ffidil yn y to	to give up		

Ac roedd ei llygaid yn fawr ac yn feddal. Roedd ei breichiau'n llawn o lyfrau lliwgar i blant.

'Aelod o'r teulu,' atebais i. Rhaid fy mod yn dda yn dweud celwydd. Ddywedodd y ferch ddim, dim ond nodio ac edrych dros fy ysgwydd ar y sgrîn.

'Davies . . .' meddai hi, ac ochneidiodd hi a gwenu gwên fach o gydymdeimlad. 'Dych chi'n mynd i fod yma drwy'r dydd. Dych chi'n gwybod unrhyw fanylion eraill?'

'Nac ydw,' atebais i'n swrth, efallai'n rhy swrth. Roedd hi'n ceisio helpu, wedi'r cyfan. Doedd hi ddim yn gwybod beth roeddwn i'n ceisio ei wneud.

'Wel, os dych chi eisiau help, gofynnwch,' atebodd hi, ac aeth hi i roi'r llyfrau ar un o'r bordydd mawr yng nghanol yr ystafell. Gwyliais i hi'n trefnu'r llyfrau mewn cylch deniadol a lliwgar. Roedd hi'n edrych arna i dros ei hysgwydd. Yn gwylio pob symudiad.

Ar ôl pum munud roedd hi yn ôl.

'Dych chi'n gwybod yr enw cynta?'

'Beth?'

'Enw cynta'r bobl dych chi'n chwilio amdanyn nhw.'

Dangosais i'r darn papur roeddwn i wedi bod yn ceisio cuddio iddi hi.

'John ac Enid Davies,' meddai hi. Rhieni Siôn. Mewn eiliad gwelais i gymysgedd o syndod a phryder yn ei llygaid.

'Hoffwn i eu ffindio nhw, neu un ohonyn nhw.'

---

ochneidio	to sigh	*symudiad (eg)*	movement
cydymdeimlad (eg)	sympathy	*cuddio*	to hide
manylion (ll)	details	*cymysgedd (eg)*	mixture
deniadol	attractive	*pryder (eg)*	worry

'Dych chi ddim yn dod o'r ardal hon,' meddai'r ferch, yn edrych o'i chwmpas yn amheus. Roedd hen ddyn yn eistedd yn y gornel yn darllen y papurau dyddiol, a bachgen yn ei arddegau yn chwilio drwy'r nofelau ffantasi. Doedd dim un ohonyn nhw'n edrych arnon ni.

'Dw i'n dod o Abertawe,' atebais i'n onest. 'Dw i yma am gyfnod byr.'

Wel, doedd hynny ddim yn gelwydd pur. Doeddwn i ddim yn bwriadu aros yn y twll bach hwn yn hir, neu byddai'r un peth yn digwydd i fi ag oedd yn digwydd i Paul. Byddwn i'n pydru mewn tref fach fel hon, heb sinema, a phob siop yn cau am hanner awr wedi pump.

'Dych chi ddim yn edrych am John ac Enid Davies *Pentre*?' meddai y tro hwn.

'Faint ohonyn nhw sy yn y dre 'ma?'

'Wel,' petrusodd y ferch. Roeddwn i'n siŵr ei bod hi'n gwybod fy mod i'n dweud celwydd ac roedd hi'n mynd i fy nhaflu i allan.

'Mae'n rhaid i fi fynd,' dywedais i'n gyflym.

'Na, arhoswch funud,' meddai'r ferch. 'Efallai galla i arbed gwaith i chi. Dych chi'n edrych am Enid Davies, mam John Davies?'

'Ydw,' dywedais i. 'John Davies, oedd yn galw ei hunan yn Siôn Tremthan . . .'

'Shhhh!' meddai hi, yn agos at fy nghlust i. Trodd y dyn oedd yn darllen y papurau o gwmpas a gwneud sŵn diamynedd.

---

yn amheus	suspiciously	*pydru*	to rot
cyfnod (eg)	period	*arbed*	to save
pur	pure		

'Ie,' dywedais i eto, yn dawel iawn y tro hwn.

'Dych chi'n aelod o'r teulu?' gofynnodd hi.

'Cyfnither i deulu'i fam,' dywedais i.

'Wel,' petrusodd y ferch, yn meddwl yn ddwys. 'Wel, efallai bydd hi'n iawn.'

'Dych chi'n gwybod lle mae Enid a John Davies yn byw?'

'Enid – bu farw John rhyw bum mlynedd yn ôl. Roedd fy nhad yn yr ysgol 'da Siôn. Roedd e'n siarad amdano fe drwy'r amser. Dywedodd fy nhad taw Siôn oedd y bachgen mwyaf disglair a oedd wedi bod yn yr ysgol erioed. Tasai fe eisiau, gallai fe fod wedi bod yn feddyg, yn wyddonydd, yn wleidydd. Ond roedd e eisiau canu.'

Pam roedd pawb yn y lle hwn yr un peth? Pam roedd pawb yn meddwl eu bod nhw'n gwybod popeth am Siôn Tremthanmor?

'Ond dych chi'n gwybod ble mae ei fam e'n byw?'

'O,' ysgydwodd y ferch ei hunan fel tasai hi'n dihuno o freuddwyd, 'mae pawb yn gwybod hynny. Y Pentre – y tŷ ola yn y rhes . . . ond wrth gwrs, dych chi ddim yn dod o'r ardal . . .'

A dechreuodd hi dynnu map bach syml i fi ar ochr wag taflen yn hysbysebu perfformiad o *Oklahoma*! gan y cwmni drama amatur lleol.

Doeddwn i ddim yn credu byddai pethau mor hawdd â hyn. Dyma fi, ar ôl llai nag awr, wedi dod o hyd i

---

aelod (eg)	a member	*disglair*	bright
cyfnither (eb)	female cousin	*gwyddonydd (eg)*	scientist
yn ddwys	intensely	*gwleidydd (eg)*	politician
taw (DC)	*mai (GC),* that it is	*rhes (eb)*	row

gyfeiriad rhieni Siôn Tremthanmor. Roedd hyn yn mynd i fod mor hawdd.

Pan gyrhaeddais i yn ôl yn yr orsaf radio gofynnodd Paul sut roedd yr ymchwil yn mynd.

'Yn wych,' dywedais i.

'Ardderchog,' dywedodd e. 'Fyddi di ddim yn hwyr 'da'r stori?' meddai fe wedyn, a phryder yn ei lygaid y tu ôl i'r sbectol â fframiau arian hen ffasiwn. Roedd llinellau bach yn amlwg o gwmpas ei lygaid pan oedd e'n poeni fel hyn.

'Wrth gwrs fydda i ddim!' gwaeddais i yn ôl arno fe wrth adael yr adeilad. 'Ffydd Paul, mae rhaid i ti gael ffydd. A phaid â phoeni!'

'Ble rwyt ti'n mynd?' gwaeddodd e ar fy ôl i.

'Syrpreis – aros tan yfory!' gwaeddais i yn ôl, yn dal cyfeiriad mam Siôn Tremthanmor yn gynnes yn fy llaw.

---

yn wych	brilliantly	*cyfeiriad (eg)*	address
ffydd (eg)	faith	*yn gynnes*	warmly

Y Pentre

Roedd hi'n dechrau mynd yn dywyll erbyn i fi gyrraedd y lôn oedd yn arwain i'r Pentre, ac roeddwn i'n dechrau difaru cerdded yn lle mynd â'r car. Doedd y Pentre ddim yn bell o'r fflat roeddwn yn ei rhentu yng Ngwaunlas.

Roedd hi'n dywyll dros ben wrth i fi adael y ffordd fawr a cherdded yn ofalus ar hyd y lôn. Gan fod y coed mor dal ac mor drwchus bob ochr i'r lôn roedd hi'n edrych yn fwy tywyll nag oedd hi mewn gwirionedd.

Cerddais i ymlaen. Ar y chwith roedd un tŷ gwag heb do arno fe, a'r ffenestri yn dyllau gwag. Ar ochr arall y lôn roedd bwthyn bach. Roedd hi'n amlwg bod rhywun yn byw yn hwnnw achos bod mwg yn troelli o'r simnai, ac roedd ci du a gwyn yn cyfarth wrth i fi fynd heibio.

Esboniodd Paul wrtha i fod y Pentre yn arfer bod yn bentref iawn ar un adeg, cyn i'r dref ddatblygu o'i gwmpas. Roeddwn wedi gofyn i Paul am fanylion am y lle, ond doeddwn i ddim wedi dweud wrtho fe pam roeddwn i eisiau gwybod na dweud fy mod i'n bwriadu mynd yno y prynhawn hwnnw.

'Dw i ddim yn cofio hynny, wrth gwrs,' meddai Paul, gan bwyso yn ôl yn ei gadair y tu ôl i ddesg rheolwr yr orsaf radio.

---

lôn (eb)	lane	*troelli*	to whirl
difaru	to regret	*simnai (eb)*	chimney
mewn gwirionedd	in fact	*datblygu*	to develop
mwg (eg)	smoke	*pwyso*	to weigh

'Flynyddoedd yn ôl roedd rhywun yn byw ym mhob tŷ, ac roedd to gwellt ar y rhan fwyaf ohonyn nhw.'

Pwysodd e yn ôl ac ymlaen yn ei gadair eto a gwthio ei sbectol arian i fyny ei drwyn yn y ffordd mae pobl ganol oed bob amser yn ei wneud.

'Ond ers i fi ddod yma bum mlynedd yn ôl, mae'r lle wedi bod mewn adfeilion; dim ond rhai teuluoedd sy'n dal i fyw yno. Dylet ti gerdded i lawr i weld y lle.'

'Efallai gwna i,' dywedais i, a gadael yn dawel.

Erbyn hyn roedd yr awyr yn dywyll dros ben ac yn bygwth glaw. Roedd rhaid i fi syllu'n ofalus er mwyn darllen y cyfeiriad ar y darn bach papur yn fy llaw. Ond roeddwn i'n iawn. Roeddwn i'n sefyll o flaen rhif 3.

Sefais i am eiliad. Roedd y lle'n hen fwthyn bach tywyll, heb ei beintio ers blynyddoedd. Ac roedd y lle mor dawel. Roeddwn i eisiau troi a rhedeg i ffwrdd, ond roedd golau gwan yn un o'r ystafelloedd cefn. Ac roeddwn i wedi dod yma am reswm arbennig. Rheswm pwysig. Roeddwn i'n sefyll y tu allan i ddrws mam Siôn Tremthanmor, a byddwn i wedi datrys y dirgelwch cyn swper y noson honno.

Anadlais i'n ddwfn, a chnocio'n gryf ar y drws. Clywais i atsain y cnoc fel tasai'r tŷ i gyd yn crynu. Buodd tawelwch am amser hir, ac roeddwn i ar fin cnocio eto pan welais i ffigwr yn symud, drwy wydr y drws. Yn sydyn trodd rhywun y golau ymlaen yn y cyntedd.

---

gwellt (eg)	straw	*eiliad (egb)*	second
adfeilion (ll)	ruins	*atsain (eb)*	echo
bygwth	to threaten	*cyntedd (eg)*	hall
sefais i	I stood		

Cafodd y drws ei agor yn araf a swnllyd. Roedd gwraig yn sefyll yno. Camais i yn ôl yn reddfol. Roeddwn i'n disgwyl rhyw hen wraig fach â gwallt llwyd mewn dillad hen ffasiwn. Ond roedd y wraig o fy mlaen i, er nad oedd hi'n ifanc, yn dal, mewn gwisg fodern, ac yn gwisgo colur. Yn bwysicach na hyn, roedd hi'n 'gwisgo' gwên.

'Ie?' meddai hi, fel tasai hi wedi drysu. Ond doedd hi ddim yn gwybod pwy oeddwn i.

'Mrs. Tremtha . . . Mrs Davies?'

'Ie,' meddai hi'n amheus.

Esboniais i bopeth wrthi hi – pwy oeddwn i a beth roeddwn i ei eisiau. Roeddwn i'n disgwyl iddi hi gau'r drws yn fy wyneb, ond gydag ochenaid fach a gwên wan agorodd hi'r drws yn fwy a fy ngwahodd i i mewn.

Doeddwn i ddim yn disgwyl i'r tŷ edrych mor olau. Aeth Mrs Davies â fi i mewn i'r gegin. Roedd gwres ffyrnig yn dod o'r Aga wrth un wal. Edrychais i o gwmpas. Fel popeth arall yn y lle roedd y papur wal a phatrymau'r saithdegau arno fe, yn hen ffasiwn ac ychydig yn frwnt erbyn hyn. Ond roedd y golau'n llachar, ac yn ddigon i gael gwared ag unrhyw ofnau oedd gyda fi wrth y drws.

Ar ôl arllwys te cryf i fi o hen debot, ochneidiodd y wraig unwaith eto.

'Dw i ddim yn gwybod beth alla i ddweud wrthoch chi am Siôn, dim byd allwch chi ddim ei gael yn unrhyw le arall.'

---

yn reddfol	instinctively	*llachar*	bright
colur (eg)	make up	*cael gwared â*	to get rid of
wedi drysu	confused	*arllwys*	to pour
ffyrnig	furious		

'Ond chi yw ei fam e,' protestiais; gan ddefnyddio 'yw' yn ofalus, nid 'oedd', a gwylio ei hwyneb am unrhyw ymateb. 'Gallech chi ddweud pethau wrtha i amdano fe, fel sut fath o blentyn oedd e, pryd gweloch chi fe ddiwetha . . .'

'Na, na,' torrodd hi ar fy nhraws yn bendant ond yn gwrtais. 'Ro'n i'n meddwl eich bod chi'n gwybod. Nid mam John – Siôn – ydw i. Mab fy nghyfnither oedd e. Symudodd Enid o'r tŷ 'ma pan bu farw ei gŵr. Dw i'n byw yn y dre, a dw i'n dod 'ma bob mis i wneud yn siŵr bod popeth yn iawn. Ro'n i'n byw yn Llundain pan oedd John yn fachgen. Alla i ddim dweud llawer wrthoch chi.'

Rhaid fy mod i'n edrych yn siomedig iawn oherwydd daeth hi i eistedd wrth fy ochr i ar y setl wrth yr *Aga*.

'Dw i'n gwybod cyfeiriad Enid,' meddai hi, yn ceisio fy nghysuro. 'Ond dw i'n gwybod ei bod hi ddim yn hoffi siarad am ei mab. Dyna un rheswm pam symudodd hi i ffwrdd.'

'Ond mae hyn mor bwysig i fi!' Roeddwn i'n teimlo dagrau yn llenwi fy llygaid ac roedd ofn arna i bod y wraig hon yn gwybod hynny. 'Mae'n bwysig i fy ngyrfa i fy mod i'n cael y stori hon.'

'Wel, dyn ni ddim yn cael popeth sy eisiau arnon ni,' meddai hi, yn y ffordd mae hen bobl sy wedi'u siomi gan fywyd yn siarad. 'Does dim stori mewn gwirionedd. A fyddai dim diddordeb 'da neb ar ôl yr holl amser hyn. Ugain mlynedd. Mae pobl yn anghofio. Beth am ysgrifennu stori fach neis am Cliff Richard neu rywun fel'na?'

---

ymateb (egb)	response	*cysuro*	to comfort
yn gwrtais	courteously	*dagrau (ll)*	tears

Roeddwn i'n teimlo mor grac erbyn hyn. Roeddwn i eisiau dweud wrthi hi fy mod i'n ddarlledwraig broffesiynol, doeddwn i ddim yn ysgrifennu 'storïau bach neis' ond, taswn i'n ysgrifennu 'storïau bach neis', Cliff Richard fyddai'r person olaf y byddwn i'n ei ddewis. Ond ches i mo'r cyfle. Roedd rhywun yn gwthio yn erbyn drws y cefn, gwthio'n gryf gydag ysgwydd yn erbyn y drws. Edrychodd Mrs Davies i fyny, wedyn arna i, ac wedyn yn ôl at y drws. Roedd ofn yn ei llygaid.

---

darlledwraig (eb)   female broadcaster

Y Delyn Aur

Ar ôl hanner munud o wthio llwyddodd y person y tu allan i agor y drws, a phan wthiodd ei ben i mewn doeddwn i ddim yn siŵr pwy oedd y mwyaf ofnus, fe neu fi.

Safodd e yn y drws. Edrychodd e yn bryderus ar Mrs Davies ac arna i.

'Wel, wyt ti'n dod i mewn?' meddai hi, a chamodd e ymlaen yn ofalus. 'Mae'r ferch hon ar ei ffordd mas,' a throdd hi i fy wynebu i a dweud yn glir ac yn bendant, 'Dyn ni ddim eisiau prynu dim, diolch yn fawr.'

Fy nhro i oedd hi nawr i edrych o gwmpas. Roedd y dyn wedi dod i mewn erbyn hyn, ac roeddwn i'n gallu ei weld yng ngolau llachar y gegin fach.

Roedd e'n dywyll dros ben. Roedd ei wallt e'n frown tywyll, a'i lygaid bron yn ddu, a rhyw olwg lechwraidd arno fe. Rhaid ei fod e tua phedwar deg oed, ond er hynny roedd rhaid i fi gyfaddef ei fod e'n olygus, yn ddeniadol hyd yn oed. Ac roedd e'n edrych arna i fel tasai fe'n gwybod beth oedd yn mynd trwy fy meddwl i.

Roeddwn i eisiau gwybod beth oedd yn mynd ymlaen. Doedd Mrs Davies ddim yn hapus iawn i siarad â fi, mae'n wir, ond fuodd hi ddim yn gas wrtha i, a ches i groeso yn y lle cyntaf, felly pam oedd hi'n ymddwyn fel hyn nawr?

'Dw i ddim yn ceisio gwerthu dim,' dywedais i wrth y dyn tywyll, golygus. 'Dw i'n gweithio i orsaf radio . . .'

---

mas (DC)	*allan (GC)*	*ymddwyn*	to behave
llechwraidd	sneaky		

'Dw i ddim yn gallu'ch helpu chi,' torrodd Mrs Davies ar fy nhraws. 'Dywedais i hynny wrthoch chi. Mae'n well i chi adael nawr, dych chi'n gwastraffu'ch amser.'

'Dw i wedi dod,' es i ymlaen fel tasai hi ddim wedi torri ar fy nhraws, 'achos fy mod i'n ymchwilio rhaglen ar Siôn Tremthanmor . . .'

'Dyw fy mab ddim yn gwybod dim mwy na fi,' meddai hi wedyn, ond roedd e'n edrych i mewn i fy llygaid i, ac roeddwn i'n gwybod ei fod e'n gwrando arna i, yn ystyried fy ngeiriau. Codais i, ond wnes i ddim gadael. Gofynnais i iddo fe:

'Allech chi ddweud rhywbeth wrtha i am Siôn?'

'Wel,' petrusodd e. Roedd ei lais yn feddal, 'efallai byddai'n well i fi ddweud . . .'

'Roedd e'n rhywbeth arbennig, Miss Stevenson,' meddai Mrs Davies, yn torri ar draws y ddau ohonon ni. 'Fyddech chi byth yn deall hynny. Yn broffwyd. Yn angel. Ac mae e wedi mynd. Beth arall mae rhaid i chi wybod?'

Roedd y dyn yn edrych yn betrus arni hi, ac arna i hefyd. Roedd e'n amlwg wedi penderfynu peidio ag ymyrryd yn hyn, ac roedd yn amlwg ei fod e ddim yn bwriadu helpu. Roeddwn i wedi cael digon.

'Roedd e'n broffwyd, oedd e?' dywedais i, efallai'n rhy hyderus, ond doeddwn i ddim yn gallu fy rhwystro fy hunan.

'Oedd,' meddai hi.

'*Oedd*, Mrs Davies?' atebais i. 'Ydy hynny'n golygu ei fod e wedi marw?'

'Oedd – mae . . . beth yw'r gwahaniaeth?'

| *ystyried* | to consider | *ymyrryd* | to interfere |
| *proffwyd (eg)* | prophet | | |

'Dych chi'n dweud bod dim gwahaniaeth?' es i ymlaen. 'Beth dych chi'n ceisio ei ddweud? Ei fod e'n sant? Dyna fel mae'ch geiriau chi'n swnio i fi. Ddiflannodd e, do? A ble mae e 'te? Yn cysgu mewn rhyw ogof 'da'r brenin Arthur ac Owain Glyndŵr a bydd y tri ohonyn nhw'n dihuno 'da'i gilydd pan fydd eu heisiau nhw ar Gymru?'

Dw i ddim yn gwybod pam y dywedais i hynny. Doedd e ddim yn syniad da, roeddwn i'n siŵr o hynny. Roedd tawelwch sydyn ac oer yn yr ystafell.

'Reit – mas,' meddai Mrs Davies, gan anghofio popeth am fod yn gwrtais nawr.

'Iawn. Ffindia i rywun arall,' gwaeddais i, a ches i fy arwain allan drwy'r drws. 'Bydd rhywun yn fodlon siarad â fi.'

Cafodd y drws ei gau y tu ôl i fi gyda chlep fawr. Yn sydyn roeddwn i y tu allan, ac roedd hi'n gwbl dywyll erbyn hyn.

'Ffindia i Siôn,' gwaeddais i yn ôl ar y bwthyn. 'Ffindia i'r pethau dych chi'n ceisio'u cuddio!'

Ond roedd tawelwch yn y tŷ. Roedd hi hyd yn oed wedi diffodd y golau yn y cyntedd.

Rhaid ei fod e wedi bod yn fy ngwylio i. Yn aros amdana i. Achos wrth i fi gerdded rhwng y chwyn a'r cerrig yn y tywyllwch clywais lais tawel o ochr y tŷ.

'Dych chi ddim yn bwriadu rhoi lan, dych chi,' meddai fe, yn pwyso yn erbyn y wal ac yn fy astudio â'i lygaid tywyll.

---

sant (eg)	saint	*diffodd*	to extinguish
ogof (eb)	cave	*chwyn (ll)*	weeds
arwain	to lead	*rhoi lan (DC)*	to give up
clep (eb)	bang		

Atebais i ddim. Doeddwn i ddim yn hoffi'r ffordd roedd e'n edrych arna i. Roedd rhyw ddifyrrwch rhyfedd yn ei lygaid.

'Paid â phoeni amdani *hi*,' meddai fe, heb symud ei gorff, ond symudodd e ei ben ychydig i gyfeirio at y tŷ. 'Mae hi'n mynd fel'na weithiau, mynd yn hen, mynd yn od.'

'Os taw hi yw eich mam chi,' meddwn i, yn anghofio'n sydyn fy mod i ar fy mhen fy hunan yn y tywyllwch gyda dyn dieithr a oedd yn edrych arna i fel tasai fe eisiau fy mwyta i. 'Mae hynny'n golygu eich bod chi'n gefnder i Siôn . . .'

Gwenodd e wên gam, ddirgel.

'Ro'n i'n iawn, dych chi byth yn rhoi lan.'

'Allwch chi ddweud rhywbeth wrtha i? Unrhyw beth – does dim ots beth.'

Roedd e'n dawel am amser hir, a'r ddau ohonon ni'n sefyll yno yn y tywyllwch. Wedyn edrychodd e yn ôl ar y bwthyn a gafael yn fy mraich i. Roedd e'n gryf, a thynnais i yn ôl yn ei erbyn. Gollyngodd e ei afael wedyn, a cherdded i ffwrdd o'r bwthyn. Dilynais i.

'Unrhyw beth?' gofynnodd e.

'Ie, unrhyw beth!' meddwn i, yn llawn cyffro.

'Wel,' meddai fe, 'alla i ddim addo. Os dych chi eisiau gwybod am Siôn . . .' Petrusodd e, fel tasai fe ddim yn bwriadu dweud unrhyw beth arall wrtha i.

'Wel?' dywedais i, yn ddiamynedd.

'Iawn,' meddai fe o'r diwedd, 'ffindiwch Steve Sillman.'

---

difyrrwch (eg)	amusement	*gollwng*	to release
cefnder (eg)	male cousin	*cyffro*	excitement
cam	crooked	*petruso*	to hesitate

'Ond ydy Siôn yn dal yn fyw?'

'Ffindiwch Steve,' dywedodd e eto.

'Ond . . .'

'Does dim byd arall alla i ddweud wrthoch chi,' meddai fe, yn edrych o gwmpas yn bryderus i'r tywyllwch.

'Ond ble?'

'Dych chi'n ffansïo'ch hunan fel newyddiadurwraig, on'd dych chi?' meddai fe, a throi i fynd yn ôl i'r bwthyn.

'Na, plîs,' gwaeddais i ar ei ôl e. Stopiodd e.

'Abertawe,' meddai fe.

'Ond dych chi'n gwybod faint o bobl sy'n byw yn Abertawe?' protestiais i.

'Y Delyn Aur,' dywedodd e, ac er i fi weiddi ar ei ôl e, ac ymbil am fwy o wybodaeth, dyna'r geiriau olaf roedd e'n bwriadu'u dweud wrtha i.

| newyddiadur-wraig (eb) | female journalist | *ymbil* | to plead |

ABERTAWE

Roeddwn i eisiau neidio i'r car ar unwaith a gyrru i Abertawe. Ond byddai'n hwyr erbyn i fi gyrraedd y ddinas, a fyddwn i ddim yn gallu gweld neb y noson honno. Dydd Mercher oedd hi yfory. Roeddwn i'n gweithio hanner diwrnod ar ddydd Mercher, a phenderfynais i adael am Abertawe cyn gynted ag oeddwn i wedi gorffen yn yr orsaf radio.

Roeddwn i ar bigau'r drain y noson honno. Doeddwn i ddim yn gallu canolbwyntio ar ddim byd o gwbl. Dim byd ond Siôn, a'r posibilrwydd o ddod o hyd iddo fe, a'r clod y byddwn i yn ei gael o ganlyniad.

Roedd fy meddyliau yn chwyrlïo fel cryno-ddisg yn cael ei chwarae. Ble dylwn i fynd yn gyntaf? Y papurau newydd? Ond pa un? Pobl y teledu? Ddylwn i ysgrifennu llyfr yn araf ac yn dawel, ac wedyn mynd at y cyfryngau? Pa ffordd byddwn i'n cael y mwyaf o arian, a sut byddwn i'n cael y swydd fwyaf disglair? Roeddwn i'n pendroni am y pethau hyn pan sylweddolais i fy mod i ddim yn gwybod lle i fynd yn Abertawe.

Roeddwn i'n ddigon cyfarwydd â'r ddinas. Ces i fy ngeni a fy magu yno. Ond doeddwn i erioed wedi clywed am dafarn o'r enw 'Y Delyn Aur' o'r blaen. Os mai tafarn oedd hi. Ond rhaid mai tafarn oedd 'Y Delyn Aur'. Oni bai ei fod yn gôd, rhyw gêm eiriau roedd y

---

dinas (eb)	city	*yn chwyrlïo*	to spin
ar bigau'r drain	on tenterhooks	*pendroni*	to worry
canolbwyntio ar	to concentrate on	*cyfarwydd â*	familiar with

dyn rhyfedd yn chwarae gyda fi. Meddyliais i am eiliad ei fod e wedi gwneud popeth i fyny. Ond dim ond am eiliad. Na. Roedd teimlad da gyda fi am hyn. Teimlad disglair a chynnes.

Y lle amlwg i ddechrau oedd y tudalennau melyn. Tafarndai. Roedd cannoedd ohonyn nhw yn Abertawe. Rhaid dyfalbarhau. Des i o hyd i 'D' – yno roedd y *Derlwyn*, y *Dillwyn*, y *Dolau*, sawl *Drovers* a *Duke* hyn a'r llall, ond dim un *delyn*. Yna ces i syniad arall. *Y Delyn Aur*. Telyn. Harp. A dyna lle roedd hi, o dan 'G' – the Golden Harp. Roedd rhif ffôn, a hefyd, yn bwysicach i fi, gyfeiriad. Cyfeiriad yn Abertawe.

Doeddwn i ddim yn gyfarwydd â'r stryd lle roedd y dafarn, ond roeddwn i'n gwybod lle roedd yr ardal, ond ddylai tafarn ddim fod yn anodd dod o hyd iddi hi. Ardal ar ochr ddwyreiniol y ddinas oedd hi.

Roeddwn i wedi gyrru heibio, ond doeddwn i erioed wedi cerdded yma o'r blaen. Roedd fy nghamau'n atsain ar y pafin caled wrth i fi gerdded heibio i'r rhesi hir o dai teras. Cerddais i o gwmpas un gornel, ac roedd rhes arall o dai, a phob un yn edrych yr un peth. Edrychais i unwaith eto ar y cyfarwyddiadau roeddwn i wedi ysgrifennu i lawr. Roeddwn i'n cerdded ac yn edrych ar y cyfarwyddiadau ar yr un pryd, a bron i mi gerdded heibio i'r dafarn yn gyfan gwbl. Pan edrychais i i fyny sylweddolais fy mod i'n sefyll y tu allan iddi hi.

Roedd yr adeilad, gyda'i hen ffenestri pren brwnt wedi'u paentio'n wyrdd tywyll, ar gornel rhes. Uwchben y drws roedd arwydd mawr gydag enw'r

---

dyfalbarhau	to persevere	*yn gyfan gwbl*	completely
dwyreiniol	easterly	*arwydd (eg)*	sign
cyfarwyddiadau (ll)	directions		

dafarn wedi ei baentio arno fe'n Gymraeg ac yn Saesneg, a llun o delyn Geltaidd gyda'r paent aur yn dechrau pilio. Ar y ffenestri a'r drws roedd posteri lliwgar yn dangos bod cerddoriaeth fyw yma ar nos Iau, nos Wener a nos Sadwrn bob wythnos. Roedd y drws ar agor, ac es i i mewn.

Roedd y bar yn dywyll dros ben, ac ar y dechrau doeddwn i ddim yn siŵr a oedd y lle ar agor, oherwydd doedd neb arall yna. Roedd ychydig o olau yn disgleirio drwy'r ffenestri bach, ac yn dangos haen ysgafn o lwch dros bopeth. Wrth i fi gyrraedd y bar daeth dyn o ddrws yng nghefn y bar a fy nghyfarch gyda gwên gyfeillgar. Gofynnais i am sudd oren.

'Prynhawn neis,' meddai'r barman, yn amlwg eisiau siarad. Roedd e'n chwilfrydig amdana i, merch ifanc ar ei phen ei hunan yn y bar yng nghanol y prynhawn fel hyn. Wel, doedd dim ots gyda fi, achos fy mod i'n chwilfrydig hefyd.

'Ie,' atebais i. 'Dw i'n falch, achos fy mod i'n bwriadu aros 'ma am ychydig.'

'Gwyliau?' meddai'r dyn, gan edrych arna i braidd yn dwp wrth ddweud hyn. Roedd hyn yn dipyn o siom gan fod wyneb eithaf hardd gyda fe, yn enwedig pan oedd e'n gwenu.

Roedd ei wallt yn dechrau britho, ac ambell flewyn llwyd yn ei farf hefyd. Roedd e rhywle rhwng pedwar deg a hanner cant, yn fy marn i, ond roedd ei lygaid glas yn disgleirio mewn ffordd ifanc dros ben.

pilio	to peel	chwilfrydig	curious
haen (eb)	layer	britho	to go grey
llwch (eg)	dust	blewyn (eg)	hair
cyfarch	to greet	barf (eb)	beard
cyfeillgar	friendly		

'Nage,' gwenais i'n gwrtais arno fe. 'Nage, dw i'n chwilio am rywun,' dywedais i'n bendant.

'O?' Roedd e'n chwilfrydig. 'Efallai galla i helpu.'

'Gobeithio,' dywedais i. 'Ces i gyfarwyddiadau i ddod i'r dafarn hon. Dw i'n chwilio am Steve Sillman.'

Edrychodd e'n graff arna i am eiliad, yn fy astudio i.

'Nid *chi* yw Steve?' gofynnais i.

'Nage,' dywedodd e o'r diwedd. Roeddwn i'n meddwl am eiliad ei fod e'n mynd i ofyn i fi pam roeddwn i'n chwilio am Steve, ond wnaeth e ddim. Ar ôl saib hir, dywedodd e 'Dewch 'nôl tua naw. Alla i ddim addo, cofiwch, ond dylai fe fod 'ma heno.'

'Diolch,' meddwn i'n gwrtais, a gafael yn fy nghot yn barod i adael.

'Gwela i chi heno, 'te,' meddai fe, yn syllu arna i eto. 'O, a gyda llaw, John yw'r enw.'

Roedd e'n disgwyl i fi roi fy enw i, dw i'n siŵr. Ond gwenais i yn ôl arno fe a gadael.

---

yn graff   keenly

STEVE

Treuliais i brynhawn pleserus yn cerdded o gwmpas y siopau yn Abertawe, yn edrych ar y ffasiynau newydd. Doeddwn i ddim yn cael y cyfle i wneud hynny yn aml. Edrychais i i lawr ar fy nillad fy hunan. Roeddwn i'n dechrau edrych mor hen ffasiwn. Roedd rhaid i fi wneud rhywbeth i ennill mwy o arian. A byddai Siôn yn fy helpu i. Roeddwn i'n siŵr o hynny.

Roedd yn rhaid i fi wneud rhywbeth. Roedd yn rhaid i fi adael Gwaunlas, roedd rhaid i fi ddianc o'r twll bach hwnnw cyn gynted â phosibl. Dw i ddim yn mynd i fod yn sefyllfa Paul ymhen ugain mlynedd, wedi fy nghladdu mewn pentref bach yng nghanol y wlad, a dim dyfodol. Neu fel Christine, yn pryderu am orsaf radio ysbyty oedd yn werth dim byd i neb. Yn mynd adref bob nos at ei chyfrifydd bach diflas ac yn chweryla drwy'r nos.

Na, roedd pethau'n mynd i fod yn wahanol i fi. A Siôn Tremthanmor fyddai fy ffordd allan. Roeddwn i'n siŵr byddai'r byd â diddordeb, eisiau gwybod beth ddigwyddodd iddo fe yr holl flynyddoedd hynny yn ôl. Byddai pawb eisiau gwybod amdano fe, a beth oedd wedi digwydd iddo fe ers hynny.

Roedd 'Y Delyn Aur' yn edrych mor wahanol pan ddes i yn ôl y noson honno. Yn y prynhawn roedd y lle yn wag ac yn oer, ond nawr roedd y dafarn yn llawn pobl a mwg. Pobl o bob oedran yn siarad, yn gweiddi, ac yn chwerthin. Roedd John yn fy nghofio i – wrth

---

sefyllfa (eb)   situation

gwrs ei fod e'n fy nghofio i. Roedd ei lygaid yn dal i ddisgleirio – dw i'n gwybod sut i reoli dynion pan maen nhw'n edrych fel'na. Roedd llawer o gwsmeriaid yn aros i brynu diod, ond pan ddes i at y bar daeth John yn syth ata i. Pwyntiodd e at grŵp o ddynion oedd yn y gornel wrth ochr y bar.

Anadlais i'n ddwfn a mynd draw atyn nhw. Roedd pedwar ohonyn nhw gyda'i gilydd, yn yfed, yn ysmygu ac yn siarad.

'Steve Sillman?' dywedais i. Trodd un ohonyn nhw i edrych arna i. Gwenodd e wên agored, gyfeillgar, a sugno ar ei *roll-up*.

'Dywedodd John y prynhawn 'ma fod rhywun wedi bod yn gofyn amdana i . . .' meddai fe, a golwg bell yn ei lygaid, a dechreuais i amau beth oedd yn y sigarét.

'Leni Stevenson,' dywedais i, a chynnig fy llaw iddo fe, ond heb ofyn caniatâd rhoiodd e ei law o gwmpas fy ngwasg i, a fy nhywys draw i'r ffenestr.

'Dere i siarad draw fan hyn,' gwaeddodd e yn fy nghlust. 'Mae'n dawelach wrth y ffenest.'

Diffoddodd e'r sigarét wrth y bar cyn mynd. Roedd y lle'n llawn, ond cododd cwpl ar bwys y drws ac eisteddon ni wrth eu bord nhw. Roeddwn i'n teimlo'n anghyfforddus ond yn llawn cyffro. Dyma ddiwedd y daith, meddyliais i. Dyma fi wedi llwyddo. Pwysodd e yn ôl yn ei gadair, a syllu arna i'n hyderus.

Beth roeddwn i wedi'i ddisgwyl? Doeddwn i ddim yn siŵr. Ond roeddwn i'n disgwyl rhywun arbennig. Roeddwn i'n disgwyl gweld seren. Ond doed hwn yn ddim byd ond hen hipi, ac roeddwn i'n siŵr fod

sugno	to suck	*gwasg (eg)*	waist
amau	to doubt	*tywys*	to lead, guide

cynnwys ei sigarét yn anghyfreithlon. Beth fyddai gan hwn i ddweud wrtha i? Byddwn yn synnu tasai hwn yn dal i wybod ble roedd e'n byw. Os oedd tŷ gyda fe o gwbl. Roedd e siŵr o fod yn byw ar y strydoedd, mewn bocs.

Roedd e'n gwisgo hen jîns â rhwygau ynddyn nhw, crys-T brwnt, a siaced denim oedd yn drewi. Roedd ei wallt yn hir ac wedi ei glymu yn ôl y tu ôl i'w ben. Roedd ei wallt yn llwyd i gyd bron. Oedd hwn wedi newid ei ddillad ers y saithdegau?

'Reit, beth alla i ei wneud i ti?' meddai fe.

'Wel,' dechreuais i, 'dw i'n gweithio i orsaf radio yng ngorllewin Cymru.'

'A beth rwyt ti ei eisiau?'

'Wel, mae rhaglen 'da ni bob nos Sadwrn, a dyn ni'n canolbwyntio ar ganwr roc gwahanol bob wythnos.'

'Ie?'

Roedd e'n gwneud i fi deimlo'n anghyfforddus, ac roedd e'n gwybod hynny.

'A fi sy'n gwneud yr ymchwil, a . . .'

'A beth sy eisiau arnat ti, Leni?' meddai fe. Tynnodd e hen dun allan o boced ei jîns a dechrau rholio sigarét arall.

'Dw i'n chwilio am wybodaeth am Siôn Tremthanmor.' Daeth yr holl beth allan yn gyflym.

Ddywedodd e ddim byd i ddechrau. Roedd e'n canolbwyntio ar y tobaco a'r papurau yn ei law. Cariodd e ymlaen fel taswn i ddim wedi dweud dim byd. Wedyn nodiodd e ei ben yn araf, heb edrych arna i.

'O?' meddai fe.

---

anghyfreithlon	illegal	*drewi*	to stink
rhwygau (ll)	tears	*tun (eg)*	tin

Roeddwn i'n teimlo'n fwy anghyffyrddus nawr, ac yn methu dod o hyd i eiriau. Roedd y teimlad hwn yn un anghyffredin i fi.

Er bod y bobl o'n cwmpas yn swnllyd, roedd tawelwch llethol rhwng y ddau ohonon ni, a doeddwn i ddim yn gallu dweud dim. Roedd rhywbeth yn y ffordd roedd e'n edrych arna i yn gwneud i fi deimlo'n nerfus. Arhosais i iddo fe siarad gyntaf.

'Pam mae rhywun ifanc fel ti eisiau gwybod am rywun mor bell 'nôl mewn hanes?' meddai fe, yn pwyso yn ôl ac ymlaen ar goesau ôl y gadair. Ceisiais i feddwl am ffordd i'w ateb. Cofiais i eiriau Paul.

'Dyw e ddim mor bell 'nôl â hynny,' dywedais i. 'Mae pobl yn dal i gofio Siôn, yn dal i chwarae ei fiwsig e.'

'A phryd cest ti dy eni, 'te?' meddai fe, yn chwythu mwg melys i'r awyr o fy mlaen i. 'Beth rwyt ti'n ei wybod am hynny i gyd? Cer adre i chwarae 'da dy recordiau *techno* di.'

'Iawn,' dywedais i'n sydyn. Doeddwn i ddim wedi dod yma i gael rhywun yn chwarae gêm gyda fi. Doedd dim hawl gyda hwn siarad â fi fel'na, dim ond achos ei fod e mor hen, mor hen â fy nhad. 'Dyw hynny ddim yn deg. Dw i ddim yn cofio'r saithdegau, ond nid fy mai i yw hynny.' Codais i, a gafael yn fy nghot, a chofiais i eiriau Jez – 'Dw i wedi clywed Beethoven hefyd, ond do'n i ddim yn fyw pan oedd e'n cyfansoddi chwaith!'

Roeddwn i wedi bwriadu rhuthro allan drwy'r drws, er mwyn yr effaith. Ond estynnodd e dros y ford a gafael yn fy mraich i.

---

anghyffyrddus	uncomfartable	*rhuthro*	to rush
coesau ôl (ll)	back legs	*estyn*	to stretch, extend
melys	sweet		

'Paid . . . mae'n flin 'da fi . . .'

Doedd e ddim yn edrych yn flin iawn, a syllais i arno fe. Wedyn dywedodd e rywbeth a wnaeth i fi droi ac eistedd eto.

'Rwyt ti eisiau cwrdd â Siôn, wyt ti?'

Doedd dim dewis gyda fi wedyn.

NOSON WERIN

Y noson wedyn, nos Iau, roeddwn i yn ôl yn 'Y Delyn Aur'. Roedd Steve wedi gwrthod dweud mwy wrtha i nos Fercher. Dywedodd e ei fod e ddim yn gallu siarad ar y pryd, ond dylwn i ddod yn ôl y noson wedyn. Protestiais i a dweud fyddwn i ddim yn gallu aros yn hir, gan fy mod i'n darlledu rhaglen am naw o'r gloch. Ddywedais i ddim mai rhaglen ar radio ysbyty oedd hi, ond ofynnodd e ddim, diolch byth.

'Wyt ti eisiau clywed rhywbeth, neu beidio?' gofynnodd e gyda dirgelwch yn ei lygaid, a dywedais i y byddwn i yn ôl.

Roedd nos Iau yn 'Y Delyn Aur' yn noson gerddoriaeth. Doeddwn i ddim yn sylweddoli bod y lle yn enwog am gerddoriaeth werin, a bod nifer o grwpiau eithaf enwog wedi perfformio yno yn eu dyddiau cynnar. Roeddwn i'n eistedd ar fy mhen fy hunan wrth y bar yn aros am Steve. Roedd e'n hwyr. Edrychais i o gwmpas a gweld lluniau ar y waliau o gantorion blewog yn dal gitarau ac offerynnau fel y mandolîn a'r chwiban dun. Roedd enwau o dan y lluniau, fel taswn i i fod i'w hadnabod.

Roedd y lle yn dechrau llenwi, ac roeddwn i'n edrych ar fy wats yn bryderus pan ddaeth Steve. Y tro hwn estynnodd e ei law ac ysgwyd fy llaw i'n gwrtais. Roedd e'n wahanol heno. Doedd e ddim wedi yfed

---

diolch byth	thank goodness	*offerynnau (ll)*	instruments
cantorion (ll)	singers	*chwiban (eb)*	whistle
blewog	hairy		

cymaint, siŵr o fod. Ond roedd hi'n gynnar eto. Eisteddodd e gyda fi.

Doeddwn i ddim yn bwriadu gwastraffu fy amser. Roedd e wedi gwastraffu fy amser i yn barod. A doedd dim llawer o amser gyda fi. Roedd rhaglen gyda fi yn yr ysbyty heno. Naill ai roedd e'n gwybod rhywbeth am Siôn, neu doedd e ddim yn gwybod dim. Doeddwn i ddim yn barod amdano fe neithiwr, ond heno roeddwn i'n benderfynol. Roeddwn i'n benderfynol o gael y gwir heno. Os oedd e'n gwybod y gwir. Gofynnais i fy nghwestiwn cyntaf. Yn bendant. Yn hyderus.

'Dych chi'n adnabod Siôn?' gofynnais i. Defnyddiais i'r amser presennol, yn fwriadol. Edrychodd Steve arna i fel taswn i'n ceisio ei dwyllo fe. Yn lle ateb, gofynnodd e gwestiwn yn ôl i fi.

'Beth rwyt ti'n gwybod am Siôn yn barod?'

Esboniais i bopeth roeddwn i wedi'i ddarllen yn yr orsaf radio, ambell lyfr, a'r pethau roedd rhai pobl fel Paul, Jez a Christine wedi dweud wrtha i. Gwrandawodd e'n amyneddgar.

'Digon ar gyfer rhaglen fach, taswn i'n meddwl – neu oes bwriad arall 'da ti?'

'Dw i eisiau gwybod mwy,' dywedais i. Byddai rhaid iddo fe gredu ynddo i cyn dweud mwy. Roeddwn i'n gwybod hynny. 'Dych chi'n gweld, pan ofynnodd yr orsaf i fi wneud yr ymchwil hon do'n i ddim yn gwybod dim am Siôn. Ond nawr, ar ôl clywed ei recordiau a dysgu am ei fywyd e, dw i wedi sylweddoli ei fod e'n artist. Dw i'n caru ei fiwsig e, a dw i eisiau gwybod cymaint amdano fe â phosibl.'

| *yn fwriadol* | deliberately | *sylweddoli* | to realize |
| *yn amyneddgar* | patiently | | |

Roeddwn i'n gobeithio byddai hynny'n ddigon argyhoeddiadol.

'Wel,' dywedodd e wedyn, fel tasai fe'n derbyn y celwydd. 'Dw i ddim yn gwybod beth alla i ei ddweud wrthot ti sy ddim yn y llyfrau a'r cylchgronau'n barod.'

'O'ch chi'n adnabod Siôn?'

Taniodd e sigarét, a sugno'r mwg yn fyfyriol.

'Dechreuais i ganu 'da Siôn ar ddechrau'r saithdegau,' meddai fe.

Cyflymodd fy nghalon. O'r diwedd, dyna rywbeth pendant, rhywbeth gwerth ei gael.

'Fan hyn, a dweud y gwir,' edrychodd e o'i gwmpas.

'O'ch chi'n aelod o 'Bendigeidfran'?'

'Nac o'n,' meddai fe. 'Roedd hynny flynyddoedd wedyn. Do'n ni erioed yn yr un band, ond ro'n ni'n chwarae yn yr un tafarndai, ac ro'n ni'n canu caneuon 'da'n gilydd weithiau. Ro'n nhw'n ddyddiau rhyfedd. Ro'n ni mor ifanc, ac yn meddwl bod unrhyw beth yn bosibl i ni. Ro'n ni eisiau bod yn enwog ac yn gyfoethog. Eisiau bod yn llwyddiannus.'

'A llwyddodd Siôn,' torrais i ar ei draws e.

'Cafodd e enwogrwydd a chyfoeth, do,' meddai Steve, 'ond fuodd e'n llwyddiannus?'

Doeddwn i ddim yn deall y cwestiwn.

'Wrth gwrs,' meddwn i, ond neidiais i'n sydyn pan glywais sŵn gitâr drydan o'r llwyfan bach y tu ôl i fi, a llais rhywun yn adrodd, 'Un, dau, tri . . . un, dau, tri, ydy'r meic yn gweithio, John?'

---

argyhoeddiadol	convincing	*cyflymu*	to quicken
cylchgronau (ll)	magazines	*trydan*	electric
tanio	to light	*llwyfan (egb)*	stage
yn fyfyriol	studiously		

Gwthiodd Steve stwmp ei sigarét i mewn i'r llestr ar y ford.

'Esgusodwch fi,' meddai fe, 'mae rhaid i fi fynd,' a gafaelodd yn y gitâr oedd wrth ei ochr.

Aeth i eistedd ar stôl uchel ar ganol y platfform bach wrth ochr y bar. Roedd dyn y tu ôl iddo fe yn dal peint o gwrw mewn un llaw, a ffliwt yn y llaw arall. Pasiodd e'r cwrw i Steve. Yfodd Steve ychydig, a rhoiodd e'r gwydryn ar y llawr wrth ei ochr e. Gafaelodd e yn ei gitâr, a chyfarch y gynulleidfa fach oedd yn dechrau ymgasglu.

A dechreuodd Steve ganu. Cân werin araf, brydferth. Roedd ei lais e'n swynol er gwaethaf y sigarennau i gyd. Llais a allai hudo'r galon galetaf.

Arhosais i mor hir ag oedd yn bosibl, ac yn y diwedd roedd rhaid i fi redeg i lawr yr heol a brysio i'r ysbyty. Roeddwn i'n gwybod y byddai Christine yn grac gyda fi eto. Cyrhaeddais i'r stiwdio funud cyn i'r rhaglen fynd yn fyw.

'Paid â phoeni,' dywedais i. 'Beth fyddai'r ots taswn i ddim yn dechrau mewn pryd? Dim ond radio ysbyty yw e. Fyddai'r rhan fwya ddim hyd yn oed yn sylweddoli – os oes unrhyw un yn gwrando o gwbl.'

Atebodd hi ddim. Doedd hi ddim yn gallu dweud dim, achos fy mod i wedi gwisgo fy nghlustffonau'n barod ac yn cyfarch y gynulleidfa'n llon.

'Dwyt ti ddim hyd yn oed wedi trefnu dy recordiau!' poerodd hi arna i wrth i fi chwarae'r *jingles*, ond y funud honno rhuthrodd Jez i mewn gyda phentwr o

stwmp (eg)	stump	*hudo*	to charm
cynulleidfa (eb)	audience	*poeri*	to spit
swynol	charming	*pentwr (eg)*	pile, heap

gryno-ddisgiau. Stopiodd e pan welodd e Christine yn syllu arna i, a sleifio i mewn fel ci lladd defaid. Rhoiodd Christine ei dwylo ar ei phen, a cherdded allan.

Daeth Jez ata i a dweud, 'Mae Dafydd Iwan 'da fi, Hogiau Llandygai, Côr Meibion Pontarddulais, a Margaret Williams . . .'

'Gwnaiff rheina'r tro – diolch,' dywedais i. 'A chyn i ti fynd – ddywedaist ti'r wythnos diwetha fod mwy o recordiau gan Siôn Tremthanmor 'da ti?'

'Oes, mae rhai.'

'Ga i eu benthyg nhw?' gofynnais i.

---

sleifio i mewn   to slink in

JOHN

Buodd rhaid i fi deithio yn ôl adref y noson honno. Yr holl ffordd i Waunlas. Doedd dim lle gyda fi i aros yn Abertawe. Doeddwn i ddim eisiau mynd i dŷ fy rhieni. Dyna'r peth olaf byddwn i'n ei wneud.

Pan adewais i ar ôl gorffen yn yr ysgol dw i'n cofio wynebu fy nhad a dweud rhywbeth fel: 'Y tro nesa byddwch chi'n fy ngweld i, bydda i'n enwog. Bydda i'n berson pwysig a bydd swydd bwerus 'da fi yn y cyfryngau. Fydd dim eisiau chi arna i.' Neu rywbeth fel'na. Felly, er bod eu tŷ'n agos, doedd hi ddim yn bosibl i fi fynd yn ôl yno a gofyn am lety, dim hyd yn oed am noson.

Ond roeddwn i'n gyfarwydd â gyrru o Waunlas i Abertawe ac yn ôl dwywaith yr wythnos ar gyfer fy sesiynau gyda'r radio ysbyty.

Ar y daith roedd cymaint o syniadau'n troi yn fy mhen.

Roeddwn i'n ysu am chwarae'r recordiau roedd Jez wedi'u rhoi i fi. Roeddwn i'n ysu am wrando ar ganeuon Siôn. Nid achos fy mod i wedi datblygu hoffter sydyn o gerddoriaeth Siôn Tremthanmor, ond roedd clywed Steve yn canu heno wedi rhoi syniad i fi. Roedd damcaniaeth gyda fi ac roedd rhaid i fi ei phrofi hi, un ffordd neu'r llall.

Y bore wedyn roeddwn i yn ôl yn y gwaith, ac roedd amser gyda fi i chwilio drwy ffeiliau'r orsaf. Tynnais i

---

pwerus	powerful	*ysu*	to itch (to do something)
llety (eg)	accommodation		

bopeth am Siôn allan. Daeth Paul heibio pan oeddwn i'n edrych ar lyfr am gerddoriaeth y saithdegau a nodiodd e arna i.

'Dal ati, Leni,' meddai fe wrtha i. 'Cofia fod eisiau'r ymchwil erbyn dydd Sadwrn nesa.'

'Wrth gwrs, Paul,' atebais i, a gwenu arno fe. Aeth e i ffwrdd yn hapus.

Roeddwn i'n edrych am rywbeth yn arbennig. Am lun. Cymaint o luniau ag oedd yn bosibl o Siôn Tremthanmor. Tynnais i bymtheg o luniau allan o'r ffeil, ac es i i guddio yn un o'r ystordai yng nghefn yr adeilad. Yno, ar fy mhen fy hunan, ac yng nghanol y blychau o bapur llungopïo a chasetiau, astudiais i'r hen luniau o Siôn.

Ceisiais i ddychmygu fel y byddai e'n edrych nawr. Ugain mlynedd. Byddai ugain mlynedd wedi britho ei wallt, siŵr o fod, a byddai crychau o gwmpas ei lygaid.

Rhoiais i gopi casét roeddwn i wedi'i wneud o un o recordiau Jez yn fy mheiriant bach personol a throi'r sain i fyny'n uchel. Ie, roedd y llais yn debyg. Yn rhy debyg. A'r lluniau? Wel, gallen nhw fod yr un person. Roedd ugain mlynedd yn amser hir. Mae person yn gallu newid llawer mewn ugain mlynedd. Ond roedd siâp y wyneb yn debyg. Dyna Siôn a'r ferch honno eto, y ferch â'r gwallt hir du. Taswn i'n defnyddio dychymyg, byddai hi'n edrych yn debyg iawn i – Christine. Ond rhaid fy mod i'n rhy flinedig heno ac yn dychmygu gormod. Roedd rhaid i fi gael llun o Steve Sillman. Ond roeddwn i bron yn siŵr. Bron yn siŵr fy mod i wedi dod o hyd i Siôn Tremthanmor.

---

dal ati	keep at it	*dychmygu*	to imagine
ystordai (ll)	storerooms	*crychau (ll)*	wrinkles
blychau (ll)	boxes		

Roedd rheswm arall gyda fi hefyd. Roedd Steve wedi gwrthod ateb unrhyw gwestiynau. Roedd e wedi osgoi pob cwestiwn. Roedd e'n cuddio rhywbeth, wrth gwrs. Roedd rhaid i fi dreulio mwy o amser yn Abertawe. Er mwyn profi'r ddamcaniaeth, er mwyn cael Steve yn fy rhwyd i. Dywedais i wrth Paul fod problemau teuluol gyda fi. Dywedais i fod fy nhad yn dost ac roedd fy mam wedi gofyn i fi fynd adref am dipyn.

Roedd ei lygaid e'n llawn dealltwriaeth. Doeddwn i ddim yn disgwyl hynny. 'Wrth gwrs,' meddai fe, 'cymer gymaint o amser ag sy eisiau arnat ti, Leni. Mae rhaid i ti fynd. A phaid â dod 'nôl nes dy fod ti'n barod. A chadw mewn cysylltiad, wnei di?'

'Gwnaf, wrth gwrs,' meddwn i.

'Un peth arall,' meddai fe, wrth i fi adael yr adeilad. 'Dy waith – dw i ddim yn ceisio rhoi pwysau arnat ti, wrth gwrs, ond galla i roi dy brosiectau di i rywun arall tra dy fod ti i ffwrdd, paid â phoeni am ddim byd.'

'Diolch,' meddwn i. Roedd e'n edrych arna i mewn ffordd mor annwyl, roeddwn i'n dechrau meddwl ddwywaith am ei dwyllo fe.

'Oes unrhyw beth alla i ei wneud i helpu?'

'Nac oes, mae'n iawn. Af i â fy ngwaith i 'da fi,' dywedais i, gan afael yn y ffeiliau am Siôn Tremthanmor. 'Bydd y gwaith ar dy ddesg di ddydd Sadwrn, paid â phoeni am hynny.'

Gyda'r caniatâd hwn, doedd dim byd ar ôl i fi ond mynd i Abertawe, a bachu Siôn Tremthanmor, unwaith ac am byth.

---

gwrthod	to refuse	*cysylltiad (eg)*	contact
rhwyd (eb)	net	*caniatâd (eg)*	permission
cymer	take	*bachu*	to hook

Ond ble roeddwn i'n mynd i aros yn Abertawe? Doedd dim dewis gyda fi – byddai rhaid i fi aros yn 'Y Delyn Aur'. Byddai Paul yn siŵr o dalu ar ôl gweld fy stori. A byddwn i'n gyfoethog ar ôl gwerthu'r stori i'r papurau newydd.

Roeddwn i'n cofio beth roedd John wedi'i ddweud wrtha i y prynhawn cyntaf. Dyma'r lle am gerddoriaeth werin dda, ac ystafelloedd cyffyrddus ar gyfer twristiaid ac ymwelwyr.

Doedd e ddim yn synnu fy ngweld i'r noson honno, ac aeth e â fi i'r ystafell yn syth.

Roedd rhywun, yn ddiweddar iawn, wedi adnewyddu'r adeilad. Er bod y dafarn yn hen roedd yr ystafelloedd yn edrych yn newydd sbon y tu mewn. Roedd popeth wedi ei baentio'n wyn ac yn lân, roedd *artex* newydd ar y nenfwd ac ar dair wal, ac roedd pren pîn ar y wal arall.

'Dych chi'n cael llawer o bobl i aros 'ma?' gofynnais i i John, wrth iddo fe roi'r allwedd i fi.

'Digon,' meddai fe. 'Dyn ni'n brysur yn yr haf.'

Ac aeth e yn ôl at y bar. Roedd e'n chwibanu rhyw dôn a oedd rhywfodd yn gyfarwydd, ond eto doeddwn i ddim yn gallu ei henwi.

Roedd e'n dal i chwibanu'r un dôn yn y bar pan es i i lawr hanner awr yn hwyrach.

yn ddiweddar	recently	*pren pîn (eg)*	pine wood
adnewyddu	to renovate	*allwedd (egb)*	key
newydd sbon	brand new	*chwibanu*	to whistle
nenfwd (eg)	ceiling		

Y noson honno doeddwn i ddim yn gallu cysgu. Roedd un dôn yn troi o gwmpas fy mhen. Y dôn roedd John yn ei chwibanu wrth iddo fe ddangos yr ystafell i fi. Roeddwn i'n meddwl fy mod i wedi ei chlywed hi o'r blaen. Wrth gwrs. Dylwn i fod wedi gwybod.

Neidiais i allan o'r gwely. Chwiliais i yn fy mag a thynnu allan y casetiau roedd Jez wedi rhoi benthyg i fi, a fy mheiriant casét bach personol. Fyddai neb yn gallu dweud fy mod i ddim wedi gwneud fy ymchwil. Roedd copi bach o bob cân a recordiodd Siôn erioed gyda fi, yn fy mag.

Rhoddais i un tâp i mewn a chwarae darnau o un gân, wedyn rhuthro ymlaen yn gyflym i'r un nesaf, a'r un nesaf. Doeddwn i ddim yn gallu dod o hyd i'r un a oedd yn fy meddwl i. Efallai mai dychmygu wnes i. Ond gwrandewais i ar un arall, ac ar ddiwedd ail record hir Siôn, y trac olaf ond un, dyna hi, y dôn, y dôn roedd John yn ei chwibanu yn y bar. Tybed a oedd e'n sylweddoli hyn? Mae'n siŵr ei fod yn gwybod mai un o hen ganeuon Siôn oedd hon, ond a oedd e'n gwybod ei fod e'n ei chwibanu hi?

Roedd y gân yn un araf, dawel. Byddai hi wedi bod yn fodern yn y saithdegau, gyda dylanwad canu gwerin traddodiadol arni hi. Yn sôn am . . . wel, os oeddwn i'n onest, doedd dim syniad gyda fi beth oedd ystyr y geiriau. Dyna'r broblem gyda chaneuon y cyfnod.

---

dylanwad (eg)   influence   *sôn am*   to refer to

Doedd y geiriau ddim yn gwneud synnwyr. Roedd y rhan fwyaf wedi'u hysgrifennu dan ddylanwad cyffuriau seicadelig beth bynnag. A siŵr o fod doedden nhw ddim yn golygu dim byd mewn gwirionedd. Roedd y gân hon yn dweud bod y dydd yn nos, a'r nos yn ddydd, a rhywbeth am gysgu, a dihuno, a newid y bydoedd, a phob math o sbwriel tebyg.

'Yr Alarch Ddu' – dyna deitl cân Siôn, ond doedd dim sôn am alarch o unrhyw liw yn y geiriau. Cân drist oedd hi, am freuddwydio, am garu, a rhywbeth am ferch brydferth â gwallt du, a chymylau, ac am fynd i fyw mewn castell, a cheisio dod o hyd i lwybr i fyd arall, a nofio mewn lliwiau. Rhyfedd iawn. Roedd Siôn wedi cael gafael ar stwff da y diwrnod hwnnw, yn amlwg. Twp, yn fy marn i. Pam fyddai rhywun eisiau ysgrifennu cân mor dwp â hynny? Ond roedd e wedi, a buodd y gân yn llwyddiannus iawn, yn ôl y llungopïau o'r llyfrau o'r orsaf radio a oedd yn fy mag i. Prynodd miloedd o bobl hi, ac aeth y record sengl i rif naw yn y siartiau, unig record sengl lwyddiannus Siôn.

Ond doedd dim diddordeb gyda fi yn y geiriau. Y dôn oedd yn bwysig i fi. Y dôn araf, drist honno. Yr un dôn buodd John yn ei chwibanu. Sut roedd e'n cofio honno? Roedd honno mor hen.

Roedd lluniau gyda fi hefyd, a threuliais i oriau yn eu hastudio nhw. Roedd pob llun o Siôn o gasgliad yr orsaf radio gyda fi, ac un o gasgliad personol Jez. Doeddwn i ddim yn deall beth roedd apêl Siôn i rywun fel Jez, i rywun ifanc, dw i'n feddwl. Roedd ei ganeuon e i gyd yn perthyn i'r saithdegau, a doedd dim byd gyda fe i'w

---

gwneud synnwyr   to make sense   *sbwriel (eg)*   rubbish

ddweud wrth bobl ifanc nawr. Ond mae pobl yn od weithiau.

Ond y lluniau oedd bwysicaf i fi ar y foment, nid y recordiau. Roedd hi'n anodd iawn edrych ar luniau a cheisio dyfalu sut byddai dyn yn edrych ugain mlynedd yn ddiweddarach. Beth fyddai Siôn nawr – tua 44? Ceisiais i ddychmygu Siôn yn 44 mlwydd oed, ond daeth llun o fy nhad i mewn i fy meddwl i bob tro, gyda'i ben moel a'i sbectol hen ffasiwn. Roeddwn i'n siŵr fyddai Siôn byth yn gadael i'w hunan edrych fel fy nhad.

Na. Byddai Siôn yn edrych fel – fel Steve, yn hen ond yn dal yn olygus, yn rhywiol. Daliais i un o'r lluniau o Siôn i fyny, a cheisio ei gymharu â'r llun o Steve yn fy meddwl a cheisio gweld tebygrwydd. Erbyn meddwl, roedd ei wyneb yr un siâp, ei lygaid yr un lliw glas. Ond roeddwn i wedi bwriadu cymharu'r lluniau o Siôn â John, nid Steve. Ond erbyn meddwl, roedd y ddau'n gallu canu, roedd y ddau yr oedran iawn. Roedd yn fater o benderfynu pa un oedd Siôn.

Buodd syniad Siôn yn un da, erbyn meddwl. Buodd ei gynllun yn un perffaith. Os dych chi eisiau diflannu, pa le gwell na strydoedd cefn Abertawe? Yn y wlad mae pawb yn eich adnabod chi, hyd yn oed os dych chi ddim yn enwog. Tasai fe wedi mynd i ganol dinas, byddai pobl wedi ei adnabod e hefyd. Byddai'n gwbl bosibl – diflannu am rai blynyddoedd, teithio efallai. Wedyn, ar ôl i bawb golli diddordeb, dod i rywle fel hyn, a byw'n dawel iawn, byw'n gyffredin iawn.

---

tebygrwydd (eg)	likeness	*cynllun (eg)*	plan
cymharu	to compare	*yn gwbl bosibl*	totally possible

Drannoeth roedd hi'n ddydd Sadwrn, ac roedd John yn brysur iawn y tu ôl i'r bar, ond roedd Steve yn fwy parod i siarad, yn enwedig pan ddywedais i fy mod i'n aros yno y noson honno. Roedd ei lygaid e'n disgleirio. Doeddwn i ddim yn poeni. Roeddwn i'n gallu edrych ar fy ôl fy hunan. Ac roeddwn i'n barod i ddefnyddio popeth posibl i ddod o hyd i'r gwirionedd. Popeth.

Roedd Steve yn ei le arferol yng nghornel y bar. Gwenodd a chodi e ei law arna i ar ôl fy ngweld i'n cerdded i mewn. Ar ôl siarad yn gyffredinol a chael sawl diod, a gwenu arno fe, roeddwn i'n teimlo bod yr amser yn iawn i holi o ddifrif.

O'r diwedd gofynnais i am Siôn. Roedd *roll up* ym mysedd melyn Steve, fel arfer. Roedd e wedi addo stori i fi heno, a doeddwn i ddim yn mynd i adael iddo fe fynd heb ateb fy nghwestiynau.

'O'ch chi yn 'Bendigeidfran' 'da Siôn?' gofynnais i, fy mhensil i'n finiog ac yn barod. Roeddwn i'n gobeithio fy mod i ddim yn edrych yn rhy eiddgar. Gwrthododd e gael ei recordio ar dâp, ac roedd gormod o ofn arna i y byddwn i'n colli stori i'w recordio fe'n ddirgel.

'O nac o'n,' atebodd e, bron ar unwaith. Roeddwn i'n difaru fy mod i ddim yn ddigon dewr i ofyn yn syth ai fe oedd Siôn. Ond eto i gyd, doeddwn i ddim eisiau codi ofn arno fe.

'Ond ro'ch chi'n adnabod Siôn.'

'Ro'n ni'n ffrindiau,' meddai fe, yn gyflym ac yn naturiol, gan roi'r argraff i fi ei fod e'n gwbl ddiffuant.

trannoeth	next day	*yn ddirgel*	secretly
gwirionedd (eg)	truth	*argraff (eb)*	impression
eiddgar	eager	*diffuant*	sincere

Roedd yn amlwg ei fod e wedi penderfynu ymddiried ynddo i.

'Hoffwn i wybod,' meddwn i, 'sut un oedd e y pryd hwnnw. Beth oedd e'n hoffi ei wneud? Beth oedd ei uchelgeisiau?'

'Yr un peth bob amser 'da Siôn,' meddai Steve, gan ddiffodd un sigarét a thanio un arall ar unwaith, 'bod yn enwog.'

---

ymddiried   to trust   *uchelgeisiau (ll)*   ambitions

DAF

Roedd Steve yn edrych ar ei wats. Gofynnais i a oedd rhywbeth yn bod.

'Dyn ni ymlaen mewn chwarter awr,' meddai fe, yn pwyntio at y band oedd yn dechrau tiwnio i fyny yng nghornel y llwyfan.

'Digon o amser,' dywedais i, ond roedd e'n gwgu. Fel tasai fe ddim eisiau siarad â fi wedi'r cyfan.

'Siôn . . .'

'Ie, Siôn,' meddai fe, yna ysgwyd ei ben yn amlwg. 'Gwranda, Leni,' meddai fe wrth wthio stwmp ei sigarét i mewn i'r llestr ar y ford ac estyn ymlaen a chlosio ata i, 'dwed wrtha i, Leni, beth rwyt ti ei eisiau? Beth rwyt ti wir ei eisiau?'

Doeddwn i ddim yn mynd i adael iddo fe fynd nawr.

'Dyw hynny ddim yn bwysig. Dw i eisiau siarad am Siôn.'

'Pam?' gofynnodd e, ei lygaid yn herfeiddiol.

'Wel, ' meddyliais i am eiliad, 'oherwydd fy swydd i. Mae rhaid i fi wneud ymchwil.

'A pham, Leni?' gofynnodd e, yn suddo yn ôl i'w gadair.

'Dw i ddim yn deall.'

'Dy waith di, dy yrfa di. Beth rwyt ti eisiau'i wneud 'da dy fywyd?'

'Dw i eisiau datblygu gyrfa,' dywedais i, yn dechrau gwylltio nawr. 'Dw i eisiau gyrfa yn y cyfryngau. Dw i eisiau bod yn llwyddiannus, ac ennill digon o arian.'

gwgu	to frown	*yn herfeiddiol*	challenging
closio	to draw nearer	*suddo*	to sink

'Ond pam, Leni? Pam rwyt ti eisiau'r pethau 'na i gyd?'

'Achos,' meddwn i, 'achos fy mod i eisiau bod yn enwog – pa reswm arall?'

'O, rwyt ti mor ifanc,' meddai fe, yn dechrau tanio sigarét arall ond yn newid ei feddwl a rhoi'r taniwr i lawr ar y ford o'i flaen e.

Bu bron i fi daflu ei beint dros ei ben am fod mor nawddoglyd. A byddwn i wedi'i wneud e, oni bai am y ffaith bod eisiau'r stori arna i, a Steve oedd fy nghyfle gorau am hynny. Ac efallai, er fy mod i ddim yn hoffi ystyried y peth, efallai fy mod i'n siarad â Siôn ei hunan.

'Ond pam rwyt ti eisiau bod yn llwyddiannus, Leni? Pam?'

'Wel, pam mae unrhyw un eisiau bod yn llwyddiannus?'

'Wyt ti'n gwybod pam roedd Siôn eisiau bod yn enwog?' meddai fe.

'Wrth gwrs!'

Daeth sgrech ansoniarus o un o'r gitarau trydan wrth ochr y llwyfan. Edrychodd Steve ar y llwyfan, ac yna yn ôl arna i. Ond cyn iddo fe gael y cyfle i godi daeth llaw fawr o rywle a'i daro ar ei gefn yn drwm, a chwarddodd rhywun yn uchel.

'Helô Steve, sut rwyt ti?'

Edrychodd y dyn arna i, ac roedd ei wyneb e'n gyfarwydd.

---

ystyried	to consider	*taro*	to hit
sgrech (eb)	screech	*chwarddodd*	someone
ansoniarus	untuneful	*rhywun*	laughed

'Dw i'n gweld bod fy ffrind bach i wedi ffindio ei ffordd yma wedi'r cyfan!'

Roedd e'n syllu arna i â llygaid llechwraidd. Roedd gyda fe un llaw ar gadair Steve, a'r un arall wrth ochr y ford yn ceisio ei ddal ei hunan i fyny. Nid hwn oedd ei beint cyntaf y noson honno. Ceisiodd e godi ei wydryn i yfed, a bron iddo fe fethu ei geg.

'Eistedd i lawr, Daf,' meddai Steve, yn codi. 'Mae rhaid i fi ganu.'

Tynnodd y dyn y gadair draw ata i a dechrau estyn ei fraich ata i. Doeddwn i ddim yn adnabod yr enw, ond roeddwn i'n dechrau cofio lle roeddwn i wedi gweld y wyneb cyn hyn. Pwysodd e'n agosach ata i, ac roedd ei anadl yn drewi o hen gwrw.

'Dw i'n falch dy fod di wedi dod,' meddai fe. 'Ro'n i'n gobeithio byddet ti,' a rhoiodd un fraich o gwmpas fy ysgwyddau. Ceisiais i dynnu i ffwrdd. Clywais i lais hyfryd Steve yn dechrau canu.

Roedd y llygaid tywyll yn dal i syllu arna i. Roeddwn i'n adnabod y llygaid hynny. Yr un llygaid ag oedd wedi syllu arna i o'r tywyllwch wrth ochr y bwthyn yn y Pentre. Byddwn i wedi cael gwared â fe oni bai ei fod e'n ffrind i Steve, a dyma'r dyn oedd wedi rhoi'r wybodaeth holl bwysig i fi yn y lle cyntaf. Felly roedd rhaid i fi actio a bod yn gwrtais, er bod y cwrteisi'n ffug. Gwenais i arno fe, a cheisio ei gadw o leiaf droedfedd oddi wrtha i.

'Dafydd,' dywedais i.

'Daf,' meddai fe, 'ro'n i'n gwybod ein bod ni'n deall ein gilydd, y noson honno,' meddai fe, a thaflu ei hun

methu ei geg	to miss his mouth	*ffug*	false
anadl (egb)	breath	*troedfedd (eb)*	foot

arna i, a fy nghusanu i y tu ôl i fy nghlust i. Roedd ei dafod e'n wlyb ac yn amhleserus. Gwthiais i fe i ffwrdd.

'Hei,' meddai fe, 'ro'n i'n meddwl ein bod ni'n deall ein gilydd!'

'*Stori* ro'n i ei heisiau, a dim byd arall,' meddwn i, yn glir a phendant.

Tynnodd e ei fraich, a'i geg, i ffwrdd. O'r diwedd roedd e'n fy neall i. Dim ond bod yn bendant oedd eisiau.

'Wel,' meddai Daf, gan lyfu ei wefusau a gwenu, 'mae'n bosibl bydda i'n gallu helpu.'

'O?'

Roedd y penderfyniad yn un poenus. Roedd meddwl am sefyll yn agosach at y dyn hwn yn erchyll, ond byddai rhaid i fi os oeddwn i'n mynd i gael stori. Y pethau mae rhaid i ferch eu gwneud er mwyn ei gyrfa.

'Dw i wedi cael tipyn o help yn barod,' dywedais i, ac edrych draw ar Steve. Roedd e'n gorffen ei gân gyntaf ac yn derbyn y gymeradwyaeth.

'Fe?' dywedodd Daf. 'Dyw e'n gwybod dim.'

'Chi awgrymodd fy mod i'n dod 'ma i siarad â fe,' dywedais i. Gwingodd e yn ei gadair, ac roedd e'n chwilio am eiriau.

'Wel . . . dyw e ddim yn gwybod llawer, dyna o'n i'n ei olygu, mae e'n gwybod rhywbeth, wrth gwrs ei fod e'n gwybod . . .'

---

tafod (eg)	tongue	*cymeradwyaeth (eb)*	applause
amhleserus	unpleasant	*awgrymu*	to suggest
llyfu	to lick	*gwingo*	to writhe,
gwefusau (ll)	lips		wriggle
erchyll	horrible		

'Daf,' meddwn i, gan ddal fy anadl a chlosio ato fe, 'dw i'n siŵr gallech chi helpu fi yn well na neb arall!'

Roedd e'n hoffi hyn, ac yn gwenu'n dwp. Roedd y ffŵl yn meddwl ei fod e wedi sgorio.

'Daf,' meddwn i, ac roedd e'n edrych arna i fel ci bach dof. Roedd hyn yn mynd i fod yn hawdd 'Daf – ble mae Siôn?'

Dechreuodd e chwerthin yn isel.

'Yn agosach na fyddet ti'n meddwl,' meddai fe.

'Yn yr ystafell hon heno?'

Ddywedodd e ddim byd, dim ond codi ei aeliau mewn ffordd a oedd i fod i awgrymu rhywbeth.

Na. Doedd hi ddim yn bosib, wedi i fi fynd i'r holl drafferth o ddod yma a gwneud yr holl ymchwil, fy mod i wedi dod o hyd i Siôn y noson gyntaf, ond fy mod i wedi bod yn rhy dwp i sylweddoli hynny?

'Yn agos ata i?' gofynnais i.

'O, yn agos iawn,' anadlodd Daf yn boeth i lawr fy ngholer.

---

dof   tame   *aeliau (ll)*   eyebrows

ATEBION

Ceisiais i gofio'r lluniau o Siôn a oedd yn fy ystafell. Sut roeddwn i wedi bod mor ddall? Doedd Steve na John yn edrych unrhyw beth yn debyg i Siôn yn y lluniau. Ond Daf . . . roedd yr un siâp wyneb gyda hwn, a'r un lliw llygaid. Doeddwn i ddim yn hoffi hyn, ond roedd hi'n amlwg mai Siôn oedd yn sefyll o fy mlaen i. Ac roedd e'n gwenu arna i, ac yn nodio'i ben. Roedd hi'n bryd siarad busnes. Dim nonsens nawr.

'Dych chi'n fodlon rhannu eich stori?' dywedais i.

'Dych chi'n fodlon gwerthu,' meddai fe.

Roeddwn i'n gobeithio fyddai hyn ddim yn digwydd. Beth oedd gyda fi i dalu am stori Siôn Tremthanmor?

Roedd e'n aros, ac yn edrych yn obeithiol. Beth oeddwn i i fod i'w wneud?

'Iawn,' meddwn i, 'mae rhaid i ni drafod pris.' Wel, byddai Paul a'r orsaf radio yn siŵr o dalu. Byddai'r stori hon yn bwysig.

'Dere rywle mwy tawel,' meddai fe. 'I d'ystafell di, efallai?'

Edrychais i'n syn arno fe. Sut roedd e'n gwybod fy mod i'n aros dros nos yma heno?

'Dywedodd John bopeth amdanat ti,' meddai fe.

Roedd e'n edrych arna i mewn ffordd od eto. Roeddwn i eisiau'r stori hon. Ac roedd Siôn yn eistedd gyda fi. Roedd Siôn Tremthanmor, o'r diwedd, yn eistedd gyferbyn â fi! Ac roedd e'n gwrthod siarad yma

---

dall	blind	*gyferbyn â*	opposite
gobeithiol	hopeful		

yn y bar. Ond dw i'n rhy gall i fynd i ystafell ar fy mhen fy hunan gyda dyn dieithr fel hwn. Ond roedd e'n mynnu mynd i rywle arall.

Tu allan, o dan y ffenestr fawr roedd y stryd yn wag, ond am rai cyplau yn crwydro i mewn i'r dafarn. Ond doedd neb yn edrych arnon ni. Roedden nhw'n meddwl mai cariadon oedden ni, siŵr o fod.

'Un peth cyn dechrau,' dywedais i. 'Pam ddywedoch chi ddim byd pan o'n ni yn y bwthyn?'

'O – yr hen fenyw,' meddai fe. 'Fy mam, dyw hi ddim yn hoffi siarad am bethau fel'na. Mae gormod o bobl yn dod, yn gwthio'u trwynau i mewn, os wyt ti'n deall.'

Roedd ei ddwylo ar fy ysgwyddau, ac un llaw yn crwydro i lawr fy nghefn.

'Ond dw i ddim yn deall,' meddwn i, yn gwasgu fy hunan yn erbyn y wal er mwyn symud ymhellach oddi wrtho fe. 'Pam gadawoch chi, diflannu yr holl flynyddoedd yn ôl, a mynd i fyw yng nghanol y wlad, ymhell o bopeth sy'n bwysig, ymhell o bopeth sy'n cyfrif?'

'Wel, rwyt ti'n gwybod sut mae pethau,' meddai fe, a gwthio ei hunan yn agosach. 'Dere, rho gusan i fi, dim ond un gusan fach.'

Ar unwaith roedd e wedi agor fy mhlows, ac roedd ei dafod yn symud o gwmpas fy ngheg.

'Ond y stori . . .' allwn i ddim dweud mwy, achos roedd ei dafod hanner ffordd i lawr fy ngwddf nawr.

Ond tra ei fod e'n ceisio agor zip ei drowsus gwthiais i fy mhen-glin i fyny yn sydyn ac yn gryf. Sgrechodd e

---

call	sensible	*cyfrif*	to count
crwydro	to wander	*pen-glin (eb)*	knee

a gafael rhwng ei goesau wrth i'r ergyd lanio. A rhedais i. Nerth fy nhraed.

Rhedais i yn ôl i mewn i'r dafarn, ac yn syth heibio i Paul.

Stopiais i pan sylweddolais i pwy oedd e. Edrychodd e arna i'n syn. Safon ni am rai eiliadau yn syllu ar ein gilydd. Roeddwn i eisiau cuddio. Roedd dagrau poeth yn llifo i lawr fy wyneb. Roeddwn i wedi colli unrhyw gyfle oedd gyda fi i brofi i Paul bod y gallu a'r ddawn gyda fi i lwyddo, ac roedd e yno ac wedi gweld popeth. Doedd bywyd ddim yn deg. Ond doedd Paul ddim yn cymryd unrhyw sylw ohona i. Roedd e wrth y drws. Roedd Daf newydd gwympo drwy'r drws ac roedd Paul yn gafael ynddo fe. Stopiodd y band ganu eu cân serch, ac yn sydyn roedd pawb yn dawel.

Safodd y ddau wrth y drws am amser hir. Neu'n hytrach, roedd Paul yn sefyll, ac yn dal Daf i fyny wrth goler ei grys. Symudon nhw ddim, y naill na'r llall, nes i John ddod o'r bar a thynnu Paul i ffwrdd. Ildiodd Paul, diolch byth, ond dim cyn gwthio Daf yn ôl yn erbyn y drws, a throi ata i a dweud.

'Dw i ddim yn gwybod beth ddywedodd e wrthot ti, ond paid â chredu'r un gair!'

Cerddodd e ata i, a cheisio fy nhynnu i i ochr y bar. Gwrthodais i, a syllu arno fe. Roedd pawb yn dal i edrych arnon ni, nes i Steve roi arwydd i'r band i ailddechrau chwarae. Cân gyflym, swnllyd, ac ar ôl munud neu ddwy roedd pawb yn talu mwy o sylw i'r band nag i Paul a fi.

---

ergyd (egb)	blow	*dagrau (ll)*	tears
glanio	to land	*teg*	fair
nerth fy nhraed	full speed	*yn hytrach*	rather
safon ni	we stood	*ildio*	to yield

'Pam rwyt ti 'ma?' gofynnais i i Paul.

'I dy achub di,' meddai fe, 'ac mae'n beth da fy mod i wedi dod hefyd.'

'Aros funud,' dywedais i. 'Dw i'n credu fy mod i wedi cael popeth dan reolaeth cyn i ti droi i fyny.'

'Wel,' atebodd e, 'ro'n i'n poeni amdanat ti.'

'Doedd dim eisiau,' dywedais i, wrth sylweddoli fy mod i'n dechrau crio.

'Mae popeth yn iawn nawr,' meddai fe'n dyner, gan geisio rhoi braich o gwmpas fy ysgwyddau. Tynnais i i ffwrdd yn reddfol. Does dim syniad gyda dynion ambell waith, nac oes. Yr unig beth roeddwn i'n gallu meddwl amdano fe nawr oedd fy mod i wedi colli fy nghyfle, wedi colli popeth. Ond roedd Paul yn dal i fod yno.

Rhedais i i fyny'r grisiau i fy ystafell. Dilynodd Paul fi. Doedd e ddim yn mynd i adael.

'Sut ro't ti'n gwybod lle i fy ffindio i?' gofynnais i.

'Do'n i ddim wedi clywed oddi wrthot ti,' meddai fe, 'a chysylltais i â dy rieni di. Ond do'n nhw ddim wedi dy weld di am flwyddyn, medden nhw . . .'

'Paul, mae'n flin 'da fi am ddweud celwydd, ond roedd rhaid i fi . . .'

'Does dim ots am hynny nawr,' meddai fe. 'Ffoniais i'r radio ysbyty wedyn a siarad â Jez.'

'Jez, wrth gwrs,' meddwn i, a gwneud nodyn yn fy meddwl i i ladd Jez y tro nesaf i mi ei weld e.

'Dywedodd e dy fod ti wedi siarad â Dafydd Davies.'

'Rwyt ti'n adnabod Dafydd?'

'Yn ddigon da,' meddai fe. 'Y peth 'da Dafydd yw dyw e byth wedi gallu derbyn y ffaith taw ei gefnder

achub	to save	*yn dyner*	tenderly
dan reolaeth	under control	*yn reddfol*	instinctively

Siôn gafodd y sylw i gyd a'r enwogrwydd a'r arian. Rwyt ti'n gwybod pam mae e'n hongian o gwmpas y bwthyn 'na, on'd wyt ti? Achos bod ei fam e'n gwrthod rhoi'r tir iddo fe. Ac mae rhaid iddo fe aros yn agos ati hi a bod yn neis iddi hi achos ei fod e'n aros i gael ei harian hi a'i thir hi. Mae e'n rhy wan i wneud unrhyw beth drosto fe ei hunan.'

'Ro'n i'n gwybod hynny,' dywedais i, gan obeithio byddai fe'n fy nghredu i. 'Do't ti ddim yn meddwl fod hynny'n newyddion i fi, o't ti?'

'Pan glywais i dy fod ti'n rhan o'i gynlluniau fe, roedd rhaid i fi ddod ar dy ôl di.'

Roeddwn i eisiau dweud diolch wrtho fe. Wedi'r cyfan, roedd e wedi meddwl amdana i. Ond roeddwn i'n teimlo'n grac hefyd. Roedd e'n eistedd ar ochr y gwely nesaf ata i.

'Ond os wyt ti'n adnabod Dafydd, rhaid dy fod ti'n gwybod ble mae Siôn. Pam rwyt ti'n dweud celwydd, Paul? Rwyt ti'n gwybod ble mae Siôn, pam felly dwyt ti ddim eisiau dweud wrtha i?'

Pwy yw Siôn Tremthanmor?

Roedd e mewn penbleth.

'Paul,' dywedais i, 'pam ddwedaist ti ddim dy fod ti'n adnabod Dafydd?'

'Doedd hynny ddim yn berthnasol,' atebodd e. 'O, Eleanor . . .' meddai fe, ac edrych arna i fel mae fy nhad yn edrych arna i pan dw i wedi gwneud rhywbeth twp, 'pan ddywedais i *stori* ro'n i'n golygu rhai ffeithiau diddorol am fywyd Siôn – o'r llyfrau. Ofynnais i ddim i ti fynd i chwilio amdano fe! Do'n i ddim yn disgwyl i ti wneud rhywbeth fel hyn! Pam rwyt ti bob amser yn mynd yn rhy bell?' Ond roedd e'n gwenu. 'Beth dw i'n mynd i'w wneud 'da ti, Leni?' meddai fe.

'Wel, o leia wnest ti ddim ei fwrw fe,' dywedais i.

'Ro'n i'n teimlo fel gwneud,' meddai fe. 'Rhyw ddydd . . .'

'A dwyt ti ddim yn gwybod ble mae Siôn?'

'Dim syniad,' meddai fe. 'Pam rwyt ti'n credu fy mod i'n gwybod? Dyw Dafydd ddim yn gwybod chwaith. Na, dw i ddim yn gwybod. A dw i ddim eisiau gwybod.'

'Ond pam?'

'Os yw e'n dal yn fyw, ble bynnag mae e mae'n amlwg ei fod e ddim eisiau i neb ddod o hyd iddo fe. Diflannodd e am reswm. Ei reswm personol e. Dw i'n parchu hynny, a dylet ti hefyd.'

'Ond beth sy'n gwneud i rywun droi ei gefn ar arian ac enwogrwydd?'

---

mewn penbleth	in a quandry	*parchu*	to respect
perthnasol	relevant		

'Does dim pwynt dweud hyn wrthot ti, Leni, wrth gwrs, achos fyddi di byth yn deall, ond mae rhai pethau'n bwysicach nag arian ac enwogrwydd. Nawr dere 'nôl i'r bar, a gad i fi brynu diod i ti.'

Roedd e'n chwilio yn ei boced am arian. Edrychais i arno fe. Roedd e wedi gwneud yr un peth â Siôn. Roedd e wedi rhoi'r ffidil yn y to ac wedi mynd i guddio yng nghanol cefn gwlad, heb obaith am ddatblygu gyrfa na dim. A ches i ofn. A fyddwn i yn yr un sefyllfa ymhen tri deg mlynedd? Fel Paul? Efallai, os doeddwn i ddim yn ddigon da . . .

'Paul? Beth ro't ti ei eisiau mas o fywyd? Pan o't ti'n ifanc, dw i'n feddwl.'

Gwenodd e arna i, a chwerthin yn ysgafn.

'Dyw hynny ddim yn bwysig. Y pethau dw i eu heisiau nawr sy'n bwysig. A dw i'n ddigon lwcus i allu dweud fy mod i wedi cael y rhan fwyaf o'r pethau sy eisiau arna i.'

'Ond sut? Yn byw mewn twll fel Gwaunlas?'

'Wel,' meddai fe, gan gyfrif pob pwynt ar ei fysedd, 'dw i'n gwneud swydd dw i'n mwynhau yn fawr, mae tŷ hyfryd 'da fi, mae ffrindiau da 'da fi. Dw i'n credu bod fy mywyd i wedi bod yn llwyddiannus hyd yn hyn. Ond dyw hynny ddim yn golygu fod dim uchelgeisiau ar ôl 'da fi. Mae rhai pethau hoffwn i eu cael – fel teulu. Dw i'n dal i obeithio ffindia i'r ferch iawn, ond mae digon o amser 'da fi.'

Roeddwn i'n methu stopio chwerthin. 'Bydd rhaid i ti fod yn gyflym!'

'Beth sy'n bod, Leni? Dw i ddim yn hen ddyn, cofia. Pa mor hen rwyt ti'n meddwl ydw i?'

| *gad i fi* | let me | *bysedd (ll)* | fingers |

'Wel . . .'

'Newydd droi tri deg saith ydw i. Nawr, beth rwyt ti ei eisiau i yfed?'

'Tri deg saith?' dywedais i'n syn wrtho fe. Doeddwn i ddim wedi sylweddoli o'r blaen ei fod e mor ifanc. 'Dim ond tri deg saith? Os taw dim ond tri deg saith wyt ti, pryna i ddiod i ti!'

Roedd Steve yn canu pan ddaeth Paul a fi 'nôl i'r bar. Ar ôl gorffen y set o ganeuon, ddaeth e ddim draw aton ni. Diflannodd e i rywle.

Roedd Paul yn mynnu mynd â fi yn ôl adref y noson honno, ond gwrthodais i. Dywedais i fod rhaid i fi fynd i'r ysbyty i weithio ar fy rhaglen nesaf, wedyn byddwn i'n gyrru adref.

'Anghofia'r dwli 'ma am Siôn Tremthanmor!' dywedodd e, cyn mynd.

'Wrth gwrs,' atebais i, a gwenu. 'Siôn Tremthanmor? Dw i erioed wedi clywed amdano fe!'

Roeddwn i wedi dweud celwydd wrth Paul. Ond nid celwydd cas. Roedd rhai pethau gyda fi i'w gwneud cyn mynd adref. Doeddwn i ddim eisiau brysio adref. Ac roeddwn i wedi talu am yr ystafell.

Y prynhawn wedyn roeddwn i'n eistedd wrth ford yn y gornel. Doedd dim cwsmeriaid yno eto, neb ond Steve – y tu ôl i'r bar y tro hwn. Roeddwn i'n syllu ar ddarn o bapur glân.

'Wyt ti'n chwilio am ysbrydoliaeth?' Daeth e draw ata i ac edrych ar y papur. 'Dyna dy stori di am Siôn?'

Gwenais i, a dangos y darn papur iddo fe.

---

dwli (eg)   nonsense   *ysbrydoliaeth (eb)*   inspiration
brysio   to hurry

'Ie, mae'n edrych fel taset ti'n cael hwyl,' meddai Steve, a thynnu cadair at y bwrdd ac eistedd.

'Beth ddigwyddodd i Dafydd wedyn?' gofynnais i.

'O, ffindiodd e ryw ddrws siop i dreulio'r noson,' meddai fe.

'Na, o ddifrif,' meddwn i.

Taniodd Steve sigarét.

'Ar y llawr yn y *lounge bar*,' meddai fe, fel tasai hyn ddim yn beth anghyffredin.

Ar ôl chwythu mwg o gwmpas, gofynnodd e, 'Wnaeth e ddim dy frifo di, naddo?'

'O, naddo,' meddwn i, gan geisio rhoi'r argraff fy mod i'n brofiadol yn delio â digwyddiadau fel yna bob dydd.

'Y peth 'da Daf yw ei fod e'n beio pobl eraill am ei broblemau fe.'

'Ond allwch chi ddim ei feio fe am gael uchelgais, am eisiau dianc o gefn gwlad, lle does dim byd yn digwydd.'

'Ond tasai fe wedi llwyddo i ddianc, byddai fe yr un fath, dwyt ti ddim yn deall, Leni? Dyna'r math o berson yw e. A beth bynnag, pwy ddywedodd fod yr atebion i gyd i'w cael yn y ddinas, mewn enwogrwydd . . .'

Gwgais i.

'Beth sy'n bod?'

'Dywedodd rhywun arall hynny wrtha i neithiwr.'

'Achos mae'n wir, dyna pam.'

Edrychodd e arna i fel taswn i'n ferch fach dwp.

'Mae pethau pwysicach.'

---

delio â   to deal with   *beio*   to blame

'Ie, a bydda i'n sylweddoli hynny pan dw i wedi tyfu lan!'

Chwarddodd e gyda fi.

'Wel – efallai eich bod chi'n iawn. Efallai bod rhai pobl ddim eisiau cymaint â hynny.'

'Dw i ddim yn cytuno,' meddai Steve wedyn. 'Mae rhai pobl eisiau mwy. Maen nhw eisiau cariad, ac ystyr i fywyd. Mae enwogrwydd ac arian yn ddigon i rai, ond ddim i bawb.'

'Ddim i . . . Siôn?'

'Na, ddim i Siôn,' atebodd e'n rhwydd. 'Ar y dechrau roedd Siôn yn meddwl bod eisiau'r pethau 'na arno fe – enwogrwydd, arian, cael ei adnabod ar y strydoedd. Ac ar y dechrau roedd y pethau hynny'n iawn. Ond aeth popeth yn ormod. Doedd e ddim yn gallu dioddef y syniad o bobl ar ei ôl e drwy'r amser. Rwyt ti'n gallu cydymdeimlo â hynny, on'd wyt ti?'

Roedd e'n disgwyl i fi ddeall. Ac roeddwn i'n credu fy mod i'n deall wedi'r cyfan.

'Pwy oedd y *wally* 'na ddaeth 'ma neithiwr?' gofynnodd e wedyn.

'Paul? Dyw e ddim yn *wally*,' dywedais i, cyn sylweddoli fy mod i'n ei gefnogi fe. 'Wel, ddim drwy'r amser!' a dechreuais i chwerthin yn isel.

Chwarddodd Steve hefyd.

'Beth ddigwyddodd i Siôn?' gofynnais i yn ddifrifol. 'Dych chi wedi bod yn ei gysgodi fe, on'd dych chi?'

Atebodd e ddim.

'Ond dych chi'n gwybod.'

---

yn rhwydd	easily	*cysgodi*	to shelter
dioddef	to bear		

'Dweda i un peth wrthot ti – mae e'n agosach nag wyt ti'n meddwl.'

'Allech chi ddim dweud wrtha i?'

'Mae'n dibynnu,' meddai fe.

'Ar beth?'

'Wel,' gwthiodd stwmp ei sigarét yn y llestr o'i flaen, 'os dw i'n dweud wrthot ti, beth rwyt ti'n bwriadu'i wneud wedyn?'

PENDERFYNIADAU

Codais i. Daeth Christine i eistedd yn fy lle i i ddarllen
y newyddion. Edrychais i ar fy wats. Naw o'r gloch.
Gallwn i gyrraedd adref mewn rhyw awr, taswn i eisiau
brysio. Paciais i fy mag a mynd i'r swyddfa lle roedd
Jez yn paratoi ei gryno-ddisgiau.

'Sut mae'r hwyl?' gofynnodd e.

'Dw i wedi gorffen yr eitem,' dywedais i, gyda gwên
fodlon.

'Eitem?' Doedd e ddim wedi anghofio, does posib.

'Yr un ar Siôn Tremthanmor,' dywedais i.

'Sut aeth hi?'

'Aeth y rhaglen mas neithiwr.'

'Oedd hi'n dda?'

'Wel, roedd y bòs yn ei hoffi hi – ac mae e wedi addo
mwy o waith ymchwil i fi, a chyfle i wneud tipyn bach
o ddarlledu ar raglen Mike yn y prynhawn.'

'Rwyt ti ar dy ffordd,' meddai Jez. 'Rwyt ti'n mynd i
lwyddo, Leni.'

Gwenais i. A chofiais i wyneb Paul y prynhawn
hwnnw. Roedd Paul druan mor falch i fy nghael yn ôl
lle roedd e'n gallu cadw golwg arna i, roedd e wedi
addo gwaith darlledu i fi. Ar un amod. Ar yr amod fy
mod i ddim yn mynd i chwilio am unrhyw hen ganwyr
pop eraill. Fy mod i'n gwneud fy ngwaith ymchwil yn y
llyfrgell o hyn ymlaen.

---

bodlon	satisfied	*amod (egb)*	condition
cadw golwg ar	to keep an eye on		

'Cadw mas o drwbl,' oedd y peth olaf ddywedodd e wrtha i.

'Mae rhaid i fi fynd i Abertawe nawr,' dywedais i wrtho fe, a chododd e ei aeliau yn bryderus. 'Mae rhaglen 'da fi heno ar radio ysbyty!' dywedais i.

'Wel, gwna'n siŵr taw dyna'r unig beth rwyt ti'n ei wneud!'

Roedd Christine bron â gorffen y bwletin, a Jez yn y stiwdio nawr, ar fin dechrau ei raglen e. Roeddwn i ar fy mhen fy hunan yn y swyddfa. Roeddwn i wedi gorffen fy ngwaith am heno, ac roeddwn i'n gallu mynd. Fel arfer byddwn i wedi mynd erbyn hyn, ond roedd rhywbeth roedd rhaid i fi ddweud wrth Christine.

Treforys, dywedodd Steve. Roedd Christine yn byw yn Nhreforys, ond doeddwn i ddim yn gwybod ble.

Roedd fy ffeil i am Siôn Tremthanmor ar agor ar ddesg Christine, gyda llun arbennig ar y blaen. Llun o Siôn a'r ferch.

Roedd hi'n synnu fy ngweld i yn y swyddfa.

'Dwyt ti ddim wedi mynd adre?'

'Christine,' dechreuais i.

'Mae'n flin 'da fi . . .' dechreuodd hi ddweud.

'Am beth?'

'Am weiddi arnat ti.'

'Na,' meddwn i, ac roedd ei llygaid glas yn llawn pryder, 'fi ddylai ymddiheuro. Dych chi'n gwneud gwaith da yma. Mae'n bwysig. Dw i wedi bod yn ast fach. Dw i'n gwybod hynny. Dych chi'n maddau i fi?'

| *ar fin* | about to | *ast (eb)* | bitch |
| *ymddiheuro* | to apologize | *maddau* | to forgive |

Roedd Christine yn dawel am funud. Wedyn aeth hi i'w desg ac estyn darn papur.

'Beth yw hwn?' gofynnais i.

'Darllen e,' dywedodd hi. 'Llythyr yw e oddi wrth rywun a fuodd yma yn yr ysbyty rai wythnosau yn ôl. Mae'n dweud bod clywed dy raglen di wedi gwneud gwahaniaeth iddi hi. Mae wedi codi ei hwyliau, a gwneud i bopeth fod yn haws ei ddioddef. Dyn ni'n gwneud gwahaniaeth yma, Leni.'

'Dw i'n gwybod hynny,' dywedais i. Edrychodd hi ar y ffeil.

'Wyt ti'n dal i weithio ar hyn?' dywedodd hi.

'Nac ydw – aeth y rhaglen mas neithiwr.'

'Mae'n rhyfedd,' meddai hi. 'Ro'n i mor ifanc y pryd hynny. Dw i ddim yn teimlo'n wahanol nawr.' Ac roedd golwg freuddwydiol yn ei llygaid hi eto.

'Do'ch chi ddim . . . ' Roedd ofn arna i ddweud y geiriau nesaf. 'Do'ch chi ddim yn adnabod Siôn?' gofynnais i.

'Nac o'n, yn anffodus!' dywedodd hi, a chwerthin.

'Ond dych chi'n edrych yn debyg i'r ferch . . . yma.' Dangosais i'r llun iddi hi.

Edrychodd hi arno fe am eiliad, yn fyfyriol. A chwerthin.

'Wyt ti'n meddwl? Dyna'r peth gorau i mi ei glywed ers blynyddoedd. Dw i erioed wedi edrych mor bert â'r ferch yn y llun hwnnw!'

Ac roeddwn i'n ei chredu hi.

| *codi ei hwyliau* | to raise her spirits | *yn anffodus* | unfortunately |

'Ro'n i'n meddwl, efallai . . . wel . . . eich gŵr chi . . . John Davies . . . Siôn . . .'

'Beth?' Roedd syndod a chwerthin yn gymysg yn ei llygaid. 'Wyt ti wir yn amau taw fy ngŵr i yw Siôn Tremthanmor?' A wnaeth hi ddim stopio chwerthin nes i ni gerdded i lawr y pedwar llawr a dod at y drws. Es i allan gyda hi ac roeddwn i yna pan ddaeth ei gŵr i'w chodi hi. Fel arfer roeddwn i wedi mynd adref erbyn i ŵr Christine ddod. Cododd hi ei llaw a gwenodd e arna i. Roedd e o leiaf ddeng mlynedd yn henach na hi.

O, wel. Rhaid bod mwy nag un John Davies yn Abertawe. Ac roedd y cyfeiriad gyda fi. Yn ôl Steve. Oni bai ei fod e'n chwarae gyda fi. Rhif 7, Ffordd Masarn, Treforys.

Ar ôl gadael yr ysbyty gyrrais i o gwmpas am oriau. Ac wedyn es i i eistedd yng nghaffi *Asda* yn Nhreforys. Roedden nhw ar agor bedair awr ar hugain, ac roeddwn i'n gallu cael brecwast yno. Roeddwn i'n gwybod ei bod hi'n gynnar, dim ond wyth o'r gloch yn y bore, ond roedd rhaid i fi . . . roedd jest rhaid i fi.

Gyrrais i drwy Dreforys, ac i fyny'r bryn tuag at Langyfelach. Ac edrychais i'n ofalus am y troad. Rhifais i yn ofalus nes dod at rif 7. Hwn oedd e, os oedd Steve wedi dweud y gwir wrtha i, ac os oedd Siôn yn dal i fod yna. Dywedodd Steve ei fod e ddim wedi gweld Siôn am ryw bum mlynedd o leiaf. Roedd yn eithaf posib ei fod e wedi symud. Eisteddais i yn y car, gan anadlu'n ddwfn. Pam roeddwn i'n teimlo mor nerfus yn sydyn? Roeddwn i ar fin gwneud darganfyddiad. Ar fin dod o

---

yn gymysg	mixed
troad (eg)	turning

darganfyddiad (eg) discovery

hyd i Siôn Tremthanmor. Ar fin gwneud fy enw i ym myd y cyfryngau. Byddwn i'n gwerthu'r stori i'r papurau newydd, ond byddwn i'n cyhoeddi llyfr hefyd. Y stori ecscliwsif am Siôn. Ond dyma fi'n eistedd yn ofnus yn fy nghar i, y tu allan i'w dŷ e, yn poeni am beth roeddwn i'n mynd i'w ddweud. Dyma Siôn o fy mlaen i. A beth roeddwn i i fod i'w ddweud?

---

cyhoeddi   to publish

SIÔN

Ond byddai rhaid i fi ei wneud e. Gwell hwyr na hwyrach.

Agorais i ddrws y car. Y funud honno agorodd drws rhif 7. Roeddwn i'n sefyll wrth ochr y car. Daeth dyn allan. Dyn tal, mewn siwt lwyd a chot hir ddu. Dyma fy nghyfle. Es i i fyny'r dreif. Roedd menyw wrth y drws, ac roedd e'n ei chusanu hi. Ei chusanu hi fel mae dau sy'n wir mewn cariad yn ei wneud. Doedd hi ddim yn ifanc, nac yn brydferth. Ond roedd eu cusan yn angerddol.

Erbyn hyn roedd e wedi sylweddoli fy mod i'n sefyll wrth eu hochr nhw. Trodd e i edrych arna i.

'Ga i'ch helpu chi?'

Ac o, roedd e'n hardd. Yn ddyn canol oed, ond doedd braidd dim arwydd o hyn ar ei wyneb. Dim ond llinellau ysgafn o gwmpas ei lygaid. Ac roedd y llygaid hynny mor las, ac yn disgleirio. Yn treiddio i mewn i fi. Ac roedd ei wên mor fwyn. Ac yn sydyn gwelais i'r un wyneb â'r un yn y lluniau. Mor sicr. Ac o, mor hardd. Doedd dim amheuaeth gyda fi nawr. Ddim am un eiliad.

Roedd e wedi llwyddo, on'd oedd e? Fyddai dim un o'i gymdogion na neb yn y dref yn meddwl ei fod e'n ddim byd ond dyn cyffredin, dinod, fel pawb arall yma. Ond doeddwn i ddim yn bwriadu bod yn ddinod nac yn gyffredin am byth.

---

angerddol	passionate	*mwyn*	gentle
braidd dim	almost no	*cymdogion (ll)*	neighbours
treiddio	to penetrate		

'Ym . . .' Yn sydyn doeddwn i ddim yn gallu dod o hyd i eiriau.

Roedd e'n dal i syllu arna i, gyda'i wyneb hardd. Ond roedd hi'n edrych yn syn. Ac yn sydyn, cyn i fi allu dweud dim, rhedodd dau fachgen bach allan hefyd, a gweiddi, 'Dadi!' Roedden nhw tua naw mlwydd oed, a rhedon nhw allan i'r car.

'I mewn!' gwaeddodd e, ac ufuddhaodd y ddau gan neidio i sedd gefn y car. Roedd e'n edrych arna i, yn disgwyl. Gwnes i benderfyniad cyflym. Roedd rhaid i fi ddod o hyd i'r geiriau iawn.

'Ym . . . ro'n i'n chwilio am . . . rif 7 . . . Heol Masarn . . .'

'O,' meddai fe, yn gwenu'n fwy llydan fyth nawr. Roedd sêr yn dawnsio yn ei lygaid, fel sêr o fyd breuddwydion, ac roedd ei wyneb e mor hapus. Roedd hi'n gwenu hefyd nawr, ac yn edrych arno fe'n gariadus.

'Mae rhaid i chi fynd i fyny ychydig,' meddai hi. '7 Ffordd Masarn ydy hwn. Dw i ddim yn gwybod pam penderfynon nhw roi enwau mor debyg ar yr heolydd. Does neb ar y Cyngor yn meddwl, oes e?'

Chwarddais i gyda hi. Roedd hi mor hapus, roedd hynny yn ei gwneud hi bron yn brydferth, rhywsut.

'Diolch,' dywedais i. 'Mae'n flin 'da fi i'ch trwblu chi.'

'O na, dim trafferth o gwbl,' meddai hi, a dyma'r wên hyfryd yna eto, heb ofal.

Ac es i yn ôl i mewn i'r car. A gwenodd e arna i wrth iddo fe yrru allan o'r dreif. Gwenodd e. A gwnaeth e rywbeth arall. Edrychodd e arna i, a chwrddodd ein

---

ufuddhau	to submit	*yn hael*	generously
llydan	wide	*cyngor (eg)*	council

llygaid ni am eiliad. Fi, a'r dyn canol oed hwn yn y siwt dywyll a'r gwallt byr confensiynol. Ac yna winciodd e arna i. Yn amlwg. Nodiodd e ei ben arna i. A winciodd. Yn gyflym. A gwenais i yn ôl. Fel tasai fe'n gwybod. Fel tasai fe'n gwybod fy mod i'n gwybod. Er ei fod e ddim yn gwybod pwy oeddwn i. Roedd fel tasai ffydd gyda fe ynddo i. Fel roedd ffydd gyda Steve ynddo i. Pam roedd y ddau yn credu eu bod nhw'n gallu ymddiried ynddo i?

Ac wrth iddo fe edrych arna i gwenais i yn ôl arno fe, a chodais i fy llaw.

Ie, John Davies. Cadwa i dy gyfrinach di. Mae rhaid i fi nawr, on'd oes? Dw i'n deall. Sut galla i wneud yn wahanol? Nid pawb sy'n cael y cyfle am hapusrwydd fel sy gyda ti. Pwy sy eisiau enwogrwydd pan mae pethau fel hyn gyda ti – bywyd tawel, hyfryd, gwraig a phlant sy'n dy garu di? Nid fi fydd yr un i chwalu hyn i gyd i ti.

Ond fydda i ddim fel ti. Dw i'n siŵr o hynny. Dw i wedi dewis llwybr gwahanol. Dw i'n mynd i fod yn enwog a dw i'n mynd i fod yn bwerus, a dw i'n mynd i fod yn gyfoethog.

A dw i'n mynd i gael popeth, a dw i'n mynd i gadw popeth – nid fel ti yn troi dy gefn ar lwyddiant. Yn rhedeg i ffwrdd! Dw i'n mynd i fwynhau popeth!

Ymhen pum mlynedd bydda i'n iawn. Dw i'n rhoi pum mlynedd i fy hunan. Erbyn hynny bydd fy mreuddwydion i i gyd wedi'u gwireddu. Dw i'n siŵr o hynny! Dangosa i iddyn nhw. Dangosa i i Christine, a dangosa i i Paul.

---

cyfrinach (eb)	secret	*wedi'u gwireddu* realized
chwalu	to destroy	

Dw i'n mynd i fod yn llwyddiant. Dw i'n mynd i fod yn enwog, ac yn bwerus, ac yn gyfoethog. Does dim eisiau Siôn Tremthanmor arna i. Dof i o hyd i ffordd arall. Achos, i rywun fel fi, mae llwyddiant yn sicr yn y pen draw, on'd yw e?

Dw i'n mynd amdani! A dw i'n mynd i lwyddo!

A gyda'r doniau sy gyda fi, does dim ffordd y galla i fethu, nac oes?

---

yn y pen draw	ultimately	*doniau (ll)*	talents
mynd amdani	to go for it		

Mae'r rhifau mewn cromfachau *(brackets)* yn cyfeirio at rif y tudalennau yn y llyfr.

Ffurfiau berfol

Gwelwch chi'r ffurfiau canlynol *(following)* yn y nofel hon:

Presennol

dw i *(I am)*   dyn ni
rwyt ti   dych chi
mae e /hi   maen nhw

dw i ddim *(I am not)*   dyn ni ddim
dwyt ti ddim   dych chi ddim
dyw e/hi ddim   dyn nhw ddim

'Dw i eisiau'r stori!' (9)
'I want the story!'

'Dych chi wedi bod yn ei gysgodi fe, on'd dych chi?' (79)
'You've been sheltering him, haven't you?'

'Wel, dyn ni ddim yn cael popeth sy eisiau arnon ni,' meddai hi . . . (35)
'Well we don't get everything that we want,' she said . . .

Amherffaith

a. Yn y naratif:

roeddwn i *(I was)*   roedden ni
roeddet ti   roeddech chi
roedd e/hi   roedden nhw

doeddwn i ddim *(I wasn't)*	doedden ni ddim
doeddet ti ddim	doeddech chi ddim
doedd e/hi ddim	doedden nhw ddim

Roeddwn i ar bigau'r drain y noson honno. (42)

I was on tenterhooks that night.

Roedden nhw tua naw mlwydd oed . . . (87)

They were about nine years old . . .

. . . doeddwn i ddim yn siŵr pwy oedd y mwyaf ofnus, fe neu fi. (37)

. . . I didn't know who was the most frightened, him or me.

b. Yn y ddeialog:

ro'n i	ro'n ni
ro't ti	ro'ch chi
roedd e/hi	ro'n nhw

do'n i ddim	do'n ni ddim
do't ti ddim	do'ch chi ddim
doedd e/hi ddim	do'n nhw ddim

'Do't ti ddim yn meddwl fod hynny'n newyddion i fi o't ti?' (74)

'You didn't think that that was news to me, did you?'

'Do'n ni erioed yn yr un band, ond ro'n ni'n chwarae yn yr un tafarndai ac ro'n ni'n canu caneuon 'da'n gilydd weithiau.' (53)

'We were never in the same band, but we played in the same pubs and we sang songs together sometimes.'

Amodol

byddwn i *(I would be)*	bydden ni
byddet ti	byddech chi
byddai fe/hi	bydden nhw

fyddwn i ddim *(I wouldn't be)*	fydden ni ddim
fyddet ti ddim	fyddech chi ddim
fyddai fe/hi ddim	fydden nhw ddim

Byddwn i'n dechrau drwy wrando ar record Jez. (26)

I would begin by listening to Jez's record.

'Byddai'n hyfryd siarad â rhywun ifanc am newid, rhywun â syniadau ifanc.' (25)

'It would be lovely to talk to someone young for a change, someone with young ideas.'

Fyddai'r llyfrgellydd arferol byth fod wedi fy helpu fel y gwnaeth y ferch newydd hon. (27)

The usual librarian would never have helped me like this new girl did.

taswn i *(If I were)*	tasen ni
taset ti	tasech chi
tasai fe/hi	tasen nhw

taswn i ddim *(If I weren't)*	tasen ni ddim
taset ti ddim	tasech chi ddim
tasai fe/hi ddim	tasen nhw ddim

Edrychodd e arna i fel taswn i'n ferch fach dwp. (78)

He looked at me as if I were a stupid little girl.

Beth fyddai'r ots taswn i ddim yn dechrau mewn pryd? (54)

What would it matter if I weren't to start on time?

'Roedd rhywbeth arbennig am Siôn, fel tasai fe ddim yn perthyn i'r byd hwn.' (21)

'There was something special about Siôn, as if he didn't belong to this world.'

Nodweddion tafodieithol

'da fi

Yn y De, mae 'gyda' yn cael ei ddefnyddio i ddynodi meddiant *(denote possession)*. Mae 'gyda' yn aml yn troi'n 'da pan fydd pobl yn siarad:

Iaith y De	Iaith y Gogledd
Mae car 'da fi	Mae gen i gar

Ac roedd rhywbeth gyda fi i'w ddweud. (10)

And I had something to say.

'Beth sy 'da ti?' gofynnodd Christine wedyn, yn gafael yn un o'r darnau a gyda golwg freuddwydiol yn ei llygaid, dywedodd hi 'Siôn Tremthanmor?' (20)

'What have you got?' Christine then asked, taking hold of one of the pieces and with a dreamy look in her eyes, she said Siôn Tremthanmor?'

'Af fi â fy ngwaith 'da fi . . .' (58)

'I'll take my work with me . . .'

Taw

Mae 'taw' yn cael ei ddefnyddio ar lafar *(orally)* yn y De yn lle 'mai' i ddynodi pwyslais *(emphasis)*.

'Os taw hi yw eich mam chi,' meddwn i . . . (40)

'If _she_ is your mother,' I said . . .

'Y peth 'da Dafydd yw dyw e beth wedi gallu derbyn y ffaith taw ei gefnder Siôn gafodd y sylw i gyd a'r enwogrwydd a'r arian. (73)

'The thing with Dafydd is that he's never been able to accept the fact that it was _his cousin Siôn_ who received all the attention and the fame and the money.'

'Wyt ti wir yn amau taw fy ngŵr i yw Siôn Tremthanmor?' (84)

'Do you really suspect that _my husband_ is Siôn Tremthanmor?'

Wyt ti wedi darllen y nofelau i gyd
yng nghyfres

N O F E L A U NAWR

DeltaNet*	Andras Millward
Coban Mair*	Gwyneth Carey
Bywyd Blodwen Jones*	Bethan Gwanas
Beth Nesa?*	Gwen Redvers Jones
Modrybedd Afradlon	Mihangel Morgan
Cadwyn o Flodau	Sonia Edwards
Gwendolin Pari P.I.	Meleri Wyn James

£3.50 yr un.

Am ragor o wybodaeth cysylltwch â

GOMER
www. gomer.co.uk

*Nodiadau i diwtoriaid ar gael ar gyfer y nofelau hyn.